2:7 교회 제자 훈련
－과정 1－

THE 2:7 SERIES
NAVIGATOR DISCIPLESHIP TRAINING FOR CHURCH LAYMEN
COURSE 1

네비게이토 출판사

네비게이토 선교회는
국제적이며 복음적인 기독교 기관이다.
예수 그리스도께서는 자기를 따르는 자들에게
"너희는 가서 모든 족속으로 제자를 삼으라"
(마태복음 28:19)는 지상사명을 주셨다.
네비게이토 선교회는 세계 모든 국가에서
예수 그리스도의 일꾼들을 배가시켜
이 지상사명의 성취를 돕는 것을
근본 목표로 하고 있다.

네비게이토 출판사는
네비게이토 선교회의 문서 선교를 담당하고 있다.
본 출판사에서는 그리스도인의 영적 성장을 돕는
서적과 자료들을 출판하여,
그리스도인의 삶의 기초가 견고한
헌신된 제자로 성장하게 하고,
나아가 성숙한 인격과 지도력을 갖춘
일꾼이 되도록 돕고 있다.

Originally published as The 2:7 Series
ⓒ 1974, 1978 by The Navigators
Translated by permission of NavPress
P.O.Box 6000, Colorado Springs, CO. 80934
U.S.A.
All rights reserved including translation
Korean Translation Copyright ⓒ 1983
Korea NavPress, Seoul, Korea

차 례

이 시리즈가 나오게 된 과정　　5

완성 점검표　　7

단원 1　　9
　　성경을 읽으면서 표시하는 방법　　9
　　성경을 효과적으로 읽는 순서　　11
　　성경을 읽으며 표시하는 연습　　12
　　그리스도와의 새출발　　13
　　효과적인 성경암송 방법　　17

단원 2　　19
　　그리스도와의 새출발 요약 퀴즈　　19

단원 3　　21
　　함께 암송 복습을 하는 방법　　21
　　긴급한 일의 횡포 (찰스 E. 험멜)　　22
　　긴급한 일의 횡포에 관한 토의　　28
　　개인 성경읽기표 사용법　　29

단원 4　　31
　　기도에 관한 실제적인 제안　　31

단원 5　　35
　　성경읽기 기록 노트 사용법　　35
　　성경읽기 기록 노트 사용 목적　　36
　　경건의 시간　　37
　　성경읽기, 성경암송, 성경공부의 특징　　38

단원 6　　40

단원 7　　41
　　그룹 기도를 위한 지침　　41

단원 8   44

단원 9   45
    수레바퀴 예화   45

단원 10   54
    수레바퀴 삶의 개인적인 평가   54
    구원의 확신   55

단원 11   57
    사죄의 확신   57

단원 12   60
    성경 암송을 통하여 주님께로 돌아오다(도슨 트로트맨)   60
    성경 암송을 통하여 주님께로 돌아오다에 관한 토의   67

"그리스도 안에 있는 새생명"(그리스도인의 생활 연구·제1권)   69
    "예수 그리스도는 누구십니까?"   71
    "예수 그리스도께서 하신 일"   75
    "그리스도 안에 있는 영생"   81

성경읽기 기록 노트 및 개인 성경읽기표   86

이 시리즈가 나오게 된 과정

2 : 7시리즈는 교회의 평신도들을 그리스도의 제자로 훈련시키기 위한 목적으로 새롭게 고안된 것입니다. 이것은 많은 기도와 연구 그리고 여러 번에 걸친 교회 내에서의 실험 실습과 이를 토대로 한 수정을 통해서 얻어진 노력의 결정입니다. 이 시리즈는 6단계로 되어 있는데 영적으로 성숙하고 균형 잡힌 그리스도인을 만드는 데에 역점을 두고 있습니다.

2 : 7시리즈라는 이름이 어떻게 생겼을까요? 그 이름은 사도 바울이 초대 교회에 썼던 서신서인 골로새서 2 : 7 말씀에서 따온 것입니다: "그 안에 뿌리를 박으며 세움을 입어 교훈을 받은 대로 믿음에 굳게 서서 감사함을 넘치게 하라."

이 시리즈를 만들게 된 목적은 무엇일까요? 성령께서 바울을 통해 기록한 골로새서 2 : 7 말씀이 이 훈련 과정의 구체적인 목표들을 명확히 보여 주고 있습니다.

1. 그리스도의 터 위에 세움을 입고 믿음 안에 굳게 선 그리스도인이 되게 하는 것.
   이 시리즈는 성경공부에 대한 실제적인 방법, 성경 암송 방법, 주님과의 형통한 교제 방법, 효과적인 전도 방법 등에 대한 지침을 줍니다.

2. 매일의 삶에서 감사가 넘치는 삶을 사는 그리스도인이 되게 하는 것.
   이 시리즈는 각 개인으로 하여금 견고하고 지속적인 그리스도인의 삶을 체험하고 즐기도록 하는 데 도움을 줍니다.

3. 교훈(가르침)을 잘 받는 그리스도인이 되게 하는 것.
   이것은 자신이 속한 사회에서 영향력 있는 삶을 사는 그리스도인으로 성장하려면 반드시 훈련이 필요함을 의미합니다.

2 : 7시리즈를 통하여 거두는 성과는 무엇일까요? 이 시리즈로 훈련된 많은 사람들은 질적으로 성장하여 보다 큰 책임을 감당할 수 있게 되며 그들이 속한 지역교회 내에서 보다 효과적으로 섬길 수 있게 됩니다. 또한 결혼한 부부나 가족들에게도 그들의 영적 성장과 하나님과 동행하는 삶을 견고히 세워 주는 데 큰 기여를 합니다. 이 시리즈를 마치게 된 성숙한 그리스도인은 불신자에게 복음을 전하며, 주님 안에서 어린 그리스도인(초신자)들을 도울 수 있는 자질도 갖추게 됩니다.

알아 둘 일

1. 본 시리즈의 6 과정은 각각 12개의 단원으로 되어 있습니다.
2. 구성원 한 사람 한 사람에게 최대한의 관심을 가질 수 있기 위해서는 성경공부 그룹이 가능한 한 8명을 초과해서는 안 됩니다. 서로 마음을 터놓을 수 있는 분위기 조성을 위해서도 이것은 중요합니다. (때로 10명까지 할 수 있습니다.)
3. 단원 2 이상 공부한 그룹에 새로운 사람을 넣지 마십시오.
4. 당신은 이 과정을 이수하기 위해 소정의 요구사항들을 반드시 충족시켜야 합니다. 그리 어렵지는 않으나 성공적으로 마치기 위해서는 목표를 향한 부단한 노력이 요구됩니다. 여러분 각자는 성공할 수도 있고 도중 하차할 수도 있습니다. 그렇지만 끝까지 성공적으로 마칠 계획을 세우십시오.
5. 무슨 일이든 참으로 가치 있는 일은 그것을 성취하기 위해서 어느 정도 대가를 지불해야 함을 명심하십시오.
6. 대부분의 단원들은 성경공부 그룹에 참여하기에 앞서 약 1시간 정도 미리 준비를 해야 합니다. 몇몇 단원들은 1~2시간 준비를 요하는 것도 있습니다.
7. 만약 당신이 과제를 제 시간에 항상 마칠 수 있다면 당신의 성경공부는 더욱 흥미진진해질 것입니다. 또한 이 과정을 통해서 당신은 보다 영구적인 유익을 얻을 수 있게 됩니다.
8. 총 12단원 중 2단원 이상 빠뜨려서는 안 됩니다. 한 번 뒤떨어지면 따라가기가 어렵기 때문입니다.
9. 이 과정은 강의를 위한 것이 아니기 때문에, 모든 단원에 걸쳐 적극적으로 토의에 참여하도록 하십시오.

감사의 말씀

2 : 7시리즈를 발전시키는 일을 위해 많은 기도와 심사숙고 가운데 아이디어와 원안을 내주셨던 덴버의 네비게이토 간사 롼 오틀리 씨에게 특별히 감사를 드립니다. 아울러 교회 현장에서 실험 실습을 통해 오늘날의 형태로 교재를 완성해 주신 봅 윌브라함 씨와 봅 러브레이스 씨에게 감사드립니다. 또한 이 시리즈의 발전 단계에서 훈련을 받았던 지역교회 평신도들에게 감사드립니다. 잦은 변화 속에서도 오래 참고 견디어 준 그들의 태도는 감명 깊었습니다.

이 교재를 처음으로 사용하여 준 덴버 형제교회, 밸버드 장로교회, 베어벨리 침례교회 교우 여러분께 특별히 감사드립니다.

많은 지역교회에서 이 교재를 유용한 도구로 사용하여 평신도 훈련을 통하여 주님의 일꾼들을 많이 길러낼 수 있도록 기도합니다.

"추수할 것은 많되 일꾼은 적으니"(마태복음 9 : 37).

완성 점검표

그룹 안의 다른 사람들에게 이 과정에서 요구하는 다음 사항들을 완성했는지 점검해 주도록 부탁하고 각 항목마다 그들의 서명을 받고 날짜를 기입하십시오.

성경암송	서명	날짜
그리스도와의 새출발 암송 구절 :		
"구원의 확신"-요한일서 5:11-12		
"기도응답의 확신"-요한복음 16:24		
"승리의 확신"-고린도전서 10:13		
"사죄의 확신"-요한일서 1:9		
"인도의 확신"-잠언 3:5-6		
그리스도와의 새출발 모든 구절		
그리스도와의 새출발 복습 (14일간 연속)		
19-20페이지의 퀴즈 완성		
경건의 시간		
성경읽기 기록 노트 14일간 연속 기록		
성경공부-"그리스도 안에 있는 새생명" (그리스도인의 생활 연구·제1권)		
제1과-"예수 그리스도는 누구십니까?"		
제2과-"예수 그리스도께서 하신 일"		
제3과-"그리스도 안에 있는 영생"		
소책자 공부		
긴급한 일의 횡포		
28페이지 완성		
성경암송을 통하여 주님께로 돌아오다		
67페이지 완성		

	서명	날짜
기타		
31-33페이지 완성		
54페이지 평가 완성		
55-56페이지 완성		
57-58페이지 완성		
인도자 점검 사항		
성경읽기 기록 노트의 기록 상태		
과정 1 수료		

단원 1

단원의 개요 :

1. 참석자들끼리 서로 인사를 나눈다.
2. 2 : 7 시리즈가 나오게 된 과정(5-6페이지)을 전부 읽는다.
3. 본 과정에서 하게 될 성경공부, 그리스도 안에 있는 새생명(69-85페이지)을 훑어 보고 69페이지의 머리말을 소리 내어 읽는다.
4. 성경을 더욱 재미있게 읽는 법을 배운다.
   (1) 성경의 여러 번역판을 활용한다.
   (2) 성경을 읽으면서 표시하는 방법(9-11페이지)을 공부한다.
   (3) 성경을 효과적으로 읽는 순서(11페이지)를 공부한다.
5. 성경을 읽으며 표시하는 연습(12페이지)을 완성한다.
6. 그리스도와의 새출발(13-17페이지)의 서론 부분과 앞으로 암송하게 될 다섯 구절에 대한 설명을 훑어본다.
7. 효과적인 성경암송 방법(17-18페이지)을 읽는다.
8. 단원 2를 위한 과제(18페이지)를 읽는다.
9. 기도로 이 단원을 마친다.

성경을 읽으면서 표시하는 방법

당신은 볼펜이나 부드러운 색연필을 사용하여 다음과 같은 기호로써 성경에 표시할 수 있습니다.

1. 〔 〕   원하는 내용에 괄호 표시를 한다.
2. \   주의를 요하는 곳에 짧게 표시한다.
3. //   원하는 곳의 시작과 끝부분 가장자리에 각각 사선을 평행하게 긋는다.
4. ◯   원하는 부분을 동그라미로 묶는다.
5. | 원하는 부분의 시작하는 곳에서 끝나는 곳까지 가장자리에 수직선을 긋는다.
6. —   원하는 내용에 밑줄을 긋는다.

이 외에도 "메모리펜"을 사용하여 해당 부분에 칠함으로써 그 부분의 내용이 돋보이도록 하는 표시 방법도 있습니다.

　당신은 실제로 이 표시법들을 모두 활용할 수도 있고, 그 중에서 좋아하는 한두 가지 표시법만을 사용할 수도 있으며, 스스로의 독창적인 표시법을 고안하여 사용해도 좋습니다.

　다음은 성경말씀을 읽으면서 어떻게 표시법을 활용하는지에 대해 보여 주는 좋은 예입니다.

이사야 11 : 1-5(개역)

1 이새의 줄기에서 한 싹이 나며 그 뿌리에서 한 가지가 나서 결실할 것이요 2 여호와의 신 곧 지혜와 총명의 신이요 모략과 재능의 신이요 지식과 여호와를 경외하는 신이 그 위에 강림하시리니 3 그가 여호와를 경외함으로 즐거움을 삼을 것이며 그 눈에 보이는 대로 심판치 아니하며 귀에 들리는 대로 판단치 아니하며 4 공의로 빈핍한 자를 심판하며 정직으로 세상의 겸손한 자를 판단할 것이며 그 입의 막대기로 세상을 치며 입술의 기운으로 악인을 죽일 것이며 5 공의로 그 허리띠를 삼으며 성실로 몸의 띠를 삼으리라 ○ 그 때에 이리가 어린 양과 함께 거하며 표범이 어린 염소

누가복음 5 : 15-17(새번역)

15 그러나 그에 대한 이야기는 더욱더 퍼져 나갔고 큰 무리가 말씀을 듣는 한편 병 고침을 받으려고 모여들었습니다. 16 그러나 예수께서는 가끔 한적한 곳으로 물러가셔서 기도하셨습니다.
17 어느 날의 일이었습니다. 예수께서 가르치시는데 갈릴리와 유대의 모든 마을과 예루살렘에서 온 바리새파 사람들과 율법 교사들이 둘러앉아 있었습니다. 예수께서는 하나님의 권능으로 병을 고치고 계셨습니다.

열왕기상 12 : 3-13(개역)

3 무리가 보내어 저를 불렀더라. 여로보암과 이스라엘의 온 회중이 와서 르호보암에게 고하여 가로되 4 왕의 부친이 우리의 멍에를 무겁게 하였으나 [왕은 이제 왕의 부친이 우리에게 시킨 고역과 메운 무거운 멍에를 가볍게 하소서. 그리하시면 우리가 왕을 섬기겠나이다. 5 르호보암이 대답하되 갔다가 삼일 후에 다시 내게로 오라 하매 백성이 가니라. 6 르호보암 왕이 그 부친 솔로몬의 생전에 그 앞에 모셨던 노인들과 의논하여 가로되 너희는 어떻게 교도하여 이 백성에게 대답하게 하겠느뇨. 7 대답하여 가로되 [왕이 만일 오늘날 이 백성의 종이 되어 저희를 섬기고 좋은 말로 대답하여 이르시면 저희가 영영히 왕의 종이 되리이다] 하나 8 왕이 노인의 교도하는 것을 버리고 그 앞에 모셔 있는 자기와 함께 자라난 소년들과 의논하여 9 가로되 너희는 어떻게 교도하여 이 백성에게 대답하게 하겠느뇨. 백성이 내게 말하기를 왕의 부친이 우리에게 메운 멍에를 가볍게 하라 하였느니라. 10 함께 자라난 소년들이 왕께 고하여 가로되 이 백성들이 왕께 고하기를 왕의 부친이 우리의 멍에를 무겁게 하였으나 왕은 우리를 위하여 가볍게 하라 하였은즉 왕은 대답하기를 나의 새끼 손가락이 내 부친의 허리보다 굵으니 11 내 부친이 너희로 무거운 멍에를 메게 하였으나 이제 나는 너희의 멍에를 더욱 무겁게 할지라. 내 부친은 채찍으로 너희를 징치하였으나 나는 전갈로 너희를 징치하리라 하소서. 12 삼일 만에 여로보암과 모든 백성이 르호보암에게 나아 왔으니 이는 왕이 명하여 이르

기를 삼일 만에 내게로 다시 오라 하였음이라. ¹³왕이 포학한 말로 백성에게 대답할새 <u>노인의 교도를 버리고.</u>

데살로니가전서 1 : 1-7(현대인의 성경)

¹바울과 실루아노와 디모데는 하나님 아버지와 주 예수 그리스도 안에 있는 데살로니가 교회에 편지합니다. 하나님 우리 아버지와 주 예수 그리스도의 (은혜와 평안이) 여러분에게 함께하기를 기도합니다.

²우리는 여러분에 대해서 항상 하나님께 감사하며 기도할 때 여러분을 기억합니다. ³우리는 여러분이 믿음으로 행한 일과 <u>사랑의 수고와</u> 우리 주 예수 그리스도에 대한 희망을 가지고 인내한 것을 우리 하나님 아버지 앞에서 쉬지 않고 늘 기억합니다.

⁴하나님의 사랑을 받고 있는 형제 여러분, 하나님께서 여러분을 선택하셨다는 것을 우리는 알고 있습니다. ⁵그것은 우리가 여러분에게 전한 <u>기쁜 소식이</u> 말로만 아니라 (능력과) 성령과 큰 확신으로 전해졌기 때문입니다. 우리가 여러분과 함께 있을 때 여러분을 위해 어떻게 생활했는지는 여러분이 잘 알고 있습니다. ⁶여러분은 많은 고난 중에서도 성령님이 주시는 기쁨으로 하나님의 말씀을 받아들여 우리와 주님을 본받는 사람들이 되었습니다. ⁷그래서 여러분은 마케도니아와 아가야에 있는 모든 성도들의 모범이 되었습니다.

성경을 효과적으로 읽는 순서

1. 만약 당신이 성경을 처음으로 읽는 경우라면 신약부터 읽을 것을 권합니다. (마태복음이 좀 어렵다고 생각되면 마가복음이나 요한복음부터 시작하십시오.)
2. 다른 권으로 넘어가기 전에 한 권을 다 끝마치십시오.
3. 성경 가운데 아마 레위기와 요한계시록이 가장 어렵게 느껴질 것입니다. 과정 1을 마칠 때까지 이 두 권은 보류해도 좋습니다.
4. 복음서를 잇달아 읽는 것보다는 다른 서신서와 다양하게 섞어 읽으십시오.
5. 구약을 읽을 차례가 되면 다음 것들 중 하나를 택해서 읽으면 좋습니다 : 여호수아, 사무엘상, 사무엘하, 열왕기상, 열왕기하, 창세기, 다니엘. 어떤 책은 이해하기 어려운 부분이 많이 있을 것입니다. 그러한 곳은 그냥 넘어가도록 하십시오.
6. 계획을 세워 꾸준히 성경을 읽으십시오. 성경을 매일 3장씩(주일에는 5장씩) 읽으면 1년에 1회 통독할 수 있습니다.

성경을 읽으며 표시하는 연습

로마서 12장을 가지고 읽고 표시하는 연습을 해봅시다. 이 연습을 할 때에는 (1) 성경말씀을 통해 하나님의 음성을 들을 수 있도록 기도하고, (2) 깊이 묵상하면서 성경을 읽을 것이며, (3) 당신에게 가장 크게 감명을 주었던 내용에 표시를 하십시오. 성경을 읽은 뒤 표시해 둔 한두 가지 사실들은 언젠가 다른 사람과 나누게 될 기회가 올 것입니다.

로마서 12장 (개역)

1 ○그러므로 형제들아 내가 하나님의 모든 자비하심으로 너희를 권하노니 너희 몸을 하나님이 기뻐하시는 거룩한 산 제사로 드 2 리라 이는 너희의 드릴 영적 예배니라 ○ 너희는 이 세대를 본받지 말고 오직 마음을 새롭게 함으로 변화를 받아 하나님의 선하시고 기뻐하시고 온전하신 뜻이 무엇 3 인지 분별하도록 하라 ○내게 주신 은혜로 말미암아 너희 중 각 사람에게 말하노니 마땅히 생각할 그 이상의 생각을 품지 말고 오직 하나님께서 각 사람에게 나눠 주 4 신 믿음의 분량대로 지혜롭게 생각하라 ○ 우리가 한 몸에 많은 지체를 가졌으나 모든 지체가 같은 직분을 가진 것이 아니니 5 ○이와 같이 우리 많은 사람이 그리스도 안에서 한 몸이 되어 서로 지체가 되었느 6 니라 ○우리에게 주신 은혜대로 받은 은사가 각각 다르니 혹 예언이면 믿음의 분수 7 대로, ○혹 섬기는 일이면 섬기는 일로, 혹 8 가르치는 자면 가르치는 일로, ○혹 권위하는 자면 권위하는 일로, 구제하는 자는 성실함으로, 다스리는 자는 부지런함으로, 긍휼을 베푸는 자는 즐거움으로 할 것이니 9 라 ○사랑엔 거짓이 없나니 악을 미워하고 10 선에 속하라 ○형제를 사랑하여 서로 우애 11 하고 존경하기를 서로 먼저 하며 ○부지런 하여 게으르지 말고 열심을 품고 주를 섬 12 기라 ○소망 중에 즐거워하며 환난 중에 13 참으며 기도에 항상 힘쓰며 ○성도들의 쓸 14 것을 공급하며 손 대접하기를 힘쓰라 ○너희를 핍박하는 자를 축복하라 축복하고 저 15 주하지 말라 ○즐거워하는 자들로 함께 즐 16 거워하고 우는 자들로 함께 울라 ○서로 마음을 같이하며 높은 데 마음을 두지 말고 도리어 낮은 데 처하며 스스로 지혜 있 17 는 체 말라 ○아무에게도 악으로 악을 갚지 말고 모든 사람 앞에서 선한 일을 도모 18 하라 ○할 수 있거든 너희로서는 모든 사 19 람으로 더불어 평화하라 ○내 사랑하는 자들아 너희가 친히 원수를 갚지 말고 진노하심에 맡기라 기록되었으되 원수 갚는 것이 내게 있으니 내가 갚으리라고 주께서 말씀하시니라 ○네 원수가 주리거든 먹이 20 고 목마르거든 마시우라 그리함으로 네가 숯불을 그 머리에 쌓아놓으리라 ○악에게 21 지지 말고 선으로 악을 이기라

그리스도와의 새출발

예수 그리스도께서는 "볼지어다. 내가 문 밖에 서서 두드리노니, 누구든지 내 음성을 듣고 문을 열면 내가 그에게로 들어가 그로 더불어 먹고 그는 나로 더불어 먹으리라"(요한계시록 3:20)고 말씀하셨습니다. 이 놀라운 진리가 성경의 다른 말씀 가운데도 기록되어 있습니다. "영접하는 자 곧 그 이름을 믿는 자들에게는 하나님의 자녀가 되는 권세를 주셨으니"(요한복음 1:12).

당신은 진정으로 하나님의 아들 예수 그리스도를 개인의 구주로 영접했습니까? 그렇다면 위에 있는 말씀대로 당신은 이미 하나님의 자녀가 되었으며, 예수 그리스도께서 당신 안에 거하게 되셨습니다.

너무나 많은 사람들이 그들의 구원받은 사실을 감정으로 측정하는 잘못을 범하고 있습니다. 이런 비극적인 잘못을 범하지 마십시오. 하나님을 믿으십시오. 하나님의 말씀대로 하나님을 믿으십시오: "내가 하나님의 아들의 이름을 믿는 너희에게 이것을 쓴 것은 너희로 하여금 너희에게 영생이 있음을 알게 하려 함이라"(요한일서 5:13).

몇 페이지에 걸쳐 당신이 그리스도를 영접했을 때 일어난 변화를 다 설명할 수는 없습니다. 한 아이가 부유한 가정에 태어났습니다. 그의 부모와 형제와 자매는 모두 훌륭한 분들입니다. 또 좋은 집과 넓은 토지도 소유하게 되었습니다. 그러나 갓 태어난 아기에게 이 모든 훌륭한 것들을 다 알려 줄 필요는 없습니다. 먼저 돌보아 주어야 할 더욱 중요한 것들이 있습니다. 그는 우선 보호를 받아야 합니다. 왜냐하면 그는 수많은 적들이 우글거리는 세상에 태어났기 때문입니다. 병원의 산실을 생각해 보십시오. 살균이 잘 된 장갑을 끼고 공격의 기회를 노리고 있는 무수한 세균들의 희생이 되지 않도록 잘 보호해야 합니다. 의사와 간호원들로 하여금 귀한 새생명을 보호할 대책을 세울 수 있도록 하는 것도 바로 이러한 적들에 대한 지식인 것입니다.

당신은 하나님의 자녀가 되었습니다. 당신은 영적인 아기로서 하나님의 가족의 일원으로 태어났습니다. 이것은 당신의 생애에 있어서 새로운 전쟁을 시작하는 순간입니다.

몇 가지 간단한 진리를 당신과 나누고자 합니다. 이 진리들은 당신이 앞으로 겪어야 할 전쟁에 대비하여 당신을 강화시켜 주어 사탄의 맹렬한 공격으로부터 당신을 안전하게 지켜 줄 것입니다.

베드로전서 2:2에는 "갓난아이들같이 순전하고 신령한 젖을 사모하라. 이는 이로 말미암아 너희로 구원에 이르도록 자라게 하려 함이라"고 말했습니다. 또 사도행전 20:32에는 "지금 내가 너희를 주와 및 그 은혜의 말씀께 부탁하노니 그 말씀이 너희를 능히 든든히 세우사…"라고 기록되어 있습니다.

하나님의 말씀은 당신의 영적 양식이 되어 당신을 믿음 안에 든든히 세워 줄 것입니다. 당신은 성경전서나 신약성경을 가지고 있겠지요. 만일 아직 가지고 있지 않다면 한 권 구해서 날마다 꾸준히 읽어 나가십시오. 무엇보다도 중요한 것은 당신 자신이 하나님의 말씀을 읽고 연구하며 기도할 수 있도록 시간을 따로 마련하는 일입니다. 아침 시간이 좋겠지요.

자, 이제 하나님의 말씀을 섭취해야 하는 이유를 구체적으로 알아봅시다. 시편 119편 9절에 "청년이 무엇으로 그 행실을 깨끗케 하리이까? 주의 말씀을 따라 삼갈 것이니이다"라고 했습니다. 계속해서 시편기자는 11절에서 주님께 "내가 주께 범죄치 아니하려 하여 주의 말씀을 내 마음에 두었나이다"라고 말했습니다.

그러므로 하나님의 말씀을 암송해서 당신의 마음속에 두기를 진심으로 권면합니다. 이 책 뒤에 당신이 암송을 시작할 수 있도록 몇 개의 요절을 마련했습니다.

위에서는 영적 양식에 대해서만 말씀드렸습니다. 지금부터는 당신이 맞게 될 새로운 적을 잠시 생각해 봅시다.

당신이 그리스도를 믿기 전에는 사탄이 당신을 특별히 괴롭히지는 않았습니다. 그러나 이제는 사탄이 날카롭게 당신을 주시하게 되었습니다. 그 이유는 당신이 사탄을 이 세상에서 가장 격노케 하는 첫걸음을 내디뎠기 때문입니다. 당신은 사탄의 무리를 떠나서 하나님의 아들을 믿는 이들의 대열에 참가하게 된 것입니다. 당신은 더 이상 사탄의 지배하에 있지 않습니다. 이제 당신은 십자가에서 피를 흘리심으로 말미암아 당신을 값으로 사신 분에게 속하게 되었습니다. 그러므로 당신은 사탄이 당신을 괴롭힐 것이라는 것을 잘 알고 있어야 합니다. 사탄은 여러 가지 모양으로 공격을 해옵니다. 그러나 여기서는 가장 일반적인 공격에 대해서 말씀드리고, 어떻게 성공적으로 사탄을 대적할 수 있는가에 대하여 도움을 드리고자 합니다.

우리는 하나님께서 마련해 주신 무기를 사용할 때만 사탄을 이겨낼 수 있습니다. 에베소서 6:17은 "…성령의 검, 곧 하나님의 말씀을 가지라"고 말씀합니다. 하나님의 말씀은 적을 찌르는 성령의 검일 뿐만 아니라, 적의 화살을 막아내는 방패로서, 우리에게 믿음을 가져다 줍니다(로마서 10:17, 에베소서 6:16). 따라서 하나님의 말씀은 공격의 무기일 뿐만 아니라 방어의 무기도 됩니다.

예를 들어 우리 주님께서 사탄에게 세 가지 특수한 시험을 받으신 것을 생각해 봅시다. 그때마다 주님께서는 "기록되었으되…"라고 성경말씀을 사용하심으로 사탄을 패배시키셨습니다. (마태복음 4장을 보십시오.) 그리스도께서도 사탄을 물리치시는 데 이러한 방법을 사용해야 하셨다면, 우리야말로 더욱더 이 막강한 무기인 하나님의 말씀을 사용해야 할 필요가 있지 않겠습니까? 우리에게 가장 절실하게 요구되는 것은 "기록되었으되…" 혹은 "주님께서 말씀하시기를…"하고 사탄에게 말할 수 있도록 준비하는 것입니다.

1
구원의 확신

여기에 소개하는 다섯 구절의 성경말씀은 처음으로 적과 싸우게 되는 당신을 무장시키기 위해서 선택된 것입니다. 사탄은 맨 처음 하나님께서 당신의 심령에 이루어 놓으신 일에 대하여 의심을 품게 함으로써 접근합니다. 비록 육성으로는 들리지 않지만 사탄은 당신의 마음에 속삭일 것입니다:

"다만 그리스도를 믿고 영접한다고 해서 네가 구원받고 네 죄를 용서받게 된다고 믿느냐? 어림도 없어. 결코 그것만으로는 안 돼!"

당신은 무슨 말로 대답하겠습니까? 이와 같은 공격을 이겨낼 수 있는 길은 하나님의 말씀에 의뢰하는 방법밖에는 없습니다. 그 문제에 관하여 하나님은 어떻게 말씀하십니까? 바로 그것이 중요한 것입니다. 그래서 구원의 확신이라는 제목이 붙은 첫 번째 암송 구절인 요한일서 5:11, 12은 다음과 같이 말해 줍니다: "또 증거는 이것이니, 하나님이 우리에게 영생을 주신 것과 이 생명이 그의 아들 안에 있는 그것이니라. 아들이 있는 자에게는 생명이 있고, 하나님의 아들이 없는 자에게는 생명이 없느니라."

이 말씀을 당신의 마음판에 새겨 놓으십시오. 그리고 구원받은 후 며칠 동안에 의심이 생길 때마다 이 말씀을 사용하십시오. 이렇게 함으로써 하나님의 기록된 말씀인 이 "증거"를 토대로 하여, 당신은 주 예수 그리스도를 소유하게 되었음과 그와 더불어 영생을 갖게 되었음을 확신하게 되고, 첫 번째 시험 가운데 하나를 이기게 될 것입니다. 사탄은 재차 공격해 올지도 모릅니다. 그러나 이제는 당신의 마음속에 있는 말씀으로 사탄을 물리칠 수 있게 되었습니다.

2
기도응답의 확신

사탄의 또 다른 공격은 기도의 효능에 대해서 당신에게 의심을 불어넣는 것입니다. 사탄은 당신에게 이렇게 속삭일 것입니다:

"하나님이 정말 너 같은 사람에게 관심을 갖고 있다고 생각지는 않겠지? 하나님은 멀리 있고, 보다 중요한 일에만 관심이 있어. 하물며 네가 기도하는 그런 것까지도 들어줄 것 같으냐?"

예수 그리스도는 당신의 구주요, 주인이십니다. 그러므로 당신은 그를 통해서 하늘에 계신 아버지께 직접 말할 수 있는 놀라운 특권을 가지고 있습니다. 하나님께서는 당신이 그의 존전에 담대히 나와서(히브리서 4:16) 모든 것을 말해 주기를 원하십니다(빌립보서 4:6). 하나님은 당신과 당신의 필요에 대하여 깊은 관심을 가지고 계십니다. 두 번째 구절인 요한복음 16:24에서 예수님은 우리들에게 이와 같은 기도응답의 확신을 주십니다:

"지금까지는 너희가 내 이름으로 아무것도 구하지 아니하였으나, 구하라 그리하면 받으리니 너희 기쁨이 충만하리라."

예수님은 그의 제자들이 전에는 결코 구한 적이 없었다고 말씀하시지는 않으셨습니다.

아마 당신도 여러 번, 특히 어려움에 처했을 때, 구했을 것입니다. 그러나 이제 당신은 주님께 속해 있으므로 "예수님 이름으로" 구할 수 있게 되었습니다. 예수님 이름으로 구한다는 것은 그의 권위와 공로에 의지하여 구하는 것을 의미합니다. 하나님 아버지께서 예수님의 모든 기도를 응답하신 것과 같이, 예수님의 이름으로 구하는 당신의 기도도 응답해 주실 것입니다. 하나님은 당신의 간구를 들어주시고 당신의 필요를 채워 주시기를 기뻐하십니다. 이 놀라운 약속을 암송하시고 그 진리를 적용하여 기도 응답의 기쁨을 맛보십시오.

3
승리의 확신

여전히 또 다른 공격이 이와 같이 올지 모릅니다. 사탄은 당신의 마음에 속삭일 것입니다:

"물론 네게 생명이 있긴 하다. 그러나 너는 너무 약해. 너는 지금까지 번번이 실패만 하지 않았니?"

사탄은 과거 수년 동안 줄곧 당신을 사로잡고 있었던 어떤 죄를 생각나게 할 것입니다. 그는 당신이 생생하게 알고 있는 어떤 점을 꼬집어서 말할 것입니다:

"너는 약해. 이 유혹만은 네가 견뎌 내지 못할거야. 다른 것은 몰라도 이것만은 어림도 없어."

당신은 어떻게 대답하겠습니까? 이론적 논증으로 대답하겠습니까? 당신의 머리를 짜내어 논쟁해 보겠습니까? 사람들의 말을 들으려고 이 사람 저 사람 찾아 다니겠습니까? 아니면 아무도 감히 대적할 수 없는 하나님의 말씀을 의뢰하겠습니까? 세 번째 구절인 고린도전서 10:13은 특별히 사탄의 이러한 공격을 방어하기 위한 말씀입니다:

"사람이 감당할 시험밖에는 너희에게 당한 것이 없나니, 오직 하나님은 미쁘사 너희가 감당치 못할 시험 당함을 허락지 아니하시고, 시험당할 즈음에 또한 피할 길을 내사 너희로 능히 감당하게 하시느니라."

이 말씀은 승리의 확신을 줍니다. 하나님은 승리를 약속하십니다. 승리는 하나님의 자녀인 당신의 것입니다. 이것을 믿으십시오. 그러면 사람으로서는 불가능한 일도 하나님께서는 다 하실 수 있다는 것을 알게 될 것입니다. 당신을 지긋지긋하게 괴롭히던 끈질긴 악습들이 하나님의 강한 힘으로 부숴지는 것을 볼 때마다 당신은 쾌재를 부를 것입니다. 이 구절을 외십시오. 당신의 마음판에 새기십시오.

4
사죄의 확신

사탄은 또 다른 방법으로 공격을 해옵니다. 승리는 마땅히 당신의 것이지만 당신도 어떤 경우에는 넘어질 수가 있습니다. 그래서 죄를 짓게 되면 당신의 적은 마치 좋은 일거리나 생긴 듯이 곧 힐난할 것입니다:

"봐라, 너 또 죄지었지! 그러고서도 너는 그리스도인이라고 자처하느냐? 그리스도인은 그러한 죄를 짓지 않는다."

그렇지만 하나님께서는 이러한 상황에서도 그의 자녀들이 잘못을 범했을 때에 해야 할 일들을 그의 말씀에서 가르쳐 주십니다. 다음 네 번째 구절인 요한일서 1 : 9은 사죄의 확신을 주는 말씀입니다:

"만일 우리가 우리 죄를 자백하면 저는 미쁘시고 의로우사 우리 죄를 사하시며, 모든 불의에서 우리를 깨끗케 하실 것이요."

죄를 자백한다는 말은 하나님께서 죄라고 부르시는 것은 정확하게 그 이름을 들어가면서 털어놓는 것을 의미합니다. 정직한 자백은 그 죄를 버리는 것까지 포함합니다(잠언 28 : 13). 하나님께서는 우리를 깨끗하게 해주시겠다고 약속하십니다. 얼마나 놀라운 은혜입니까!

5
인도의 확신

앞에 말씀드린 네 가지 확신에 관한 성구들은 사탄의 중요한 공격들을 당하게 될 때 많은 도움을 줄 것입니다. 그러나 여러분이 다섯 번째로 암송할 말씀은 다른 목적을 위한 것입니다. 당신은 장래 일이 궁금할 것입니다. 당신의 이 새로운 삶이 어떻게 전개되어 나갈까 알고 싶을 것입니다. 당신의 생애를 위한 하나님의 계획에 관해서는 어떻습니까? 하나님께서는 정말로 당신의 앞길을 인도해 주실까요? 잠언 3 : 5, 6은 당신에게 인도의 확신을 가져다 줄 것입니다:

"너는 마음을 다하여 여호와를 의뢰하고 네 명철을 의지하지 말라. 너는 범사에 그를 인정하라. 그리하면 네 길을 지도하시리라."

하나님께서는 당신이 하나님을 완전히 의뢰할 때에 당신을 인도해 주시고 당신의 앞길을 지도해 주실 것을 약속하십니다. 이 말씀을 암송하시고 당신의 생활에 적용하십시오. 그러면 당신은 당신의 삶에서 주님의 인도를 분명히 체험하실 것입니다.

* * *

이 구절들을 암송하실 때에는 다음과 같은 방법으로 하시도록 권면합니다:

먼저 첫 번째 구절인 요한일서 5 : 11-12부터 시작하십시오. 그 구절을 여러 번 읽고 전체의 뜻을 파악하도록 하십시오. 그 다음에 문맥대로 자연스럽게 몇 마디로 구분해서 외십시오. 맨 먼저 주제와 장절을 외시고 그 다음에 첫째 마디, 그 다음에 둘째 마디…이런 방법으로 암송해 나가십시오. 매번 주제와 장절, 본문, 그리고 끝에 다시 장절을 되풀이하십시오. 이렇게 전후에 장절을 되풀이함으로써 나중에 그 구절이 있는 성경 장절을 쉽게 기억해 낼 수가 있습니다.

첫째 구절을 완벽하게 욀 수 있으면 똑같은 방법으로 둘째 구절을 외시고, 첫째 구절을 수시로 복습하십시오. 둘째 구절을 욀 수 있게 되면, 셋째 구절을 시작하십시오. 세 구절을 완전히 암송하였다면 네 번째 구절을 외는 식으로 계속하시기 바랍니다.

이 구절들을 완전히 외시는 비결은 복습에 있습니다. 그러므로 매일 당신이 새 구절을 암송할 때마다 먼저 당신이 지금까지 왼 구절들을 복습해야 합니다. 이렇게 하기 위한 가장 좋은 방법은 이 구절들을 주머니나 지갑 속에 넣어 가지고 다니면서 여가를 이용하여 자주 복습하는 것입니다.

이 성구들을 암송하여 실제 삶에 적용하는 방법을 알게 되면 당신은 하나님의 말씀을 마음속에 간직함으로써 받게 되는 능력과 축복을 깨닫게 될 것입니다.

효과적인 성경암송 방법

그리스도와의 새출발부터 성경암송을 시작하는 경우에 우선 그 구절을 소리 내어 여러 번 읽으십시오. 읽을 때마다 주제와 장절을 읽은 뒤 그 본문 말씀을 읽고 다시 장절을 반복하십시오. 그리고 그 구절이 의미하는 바가 무엇인지 알아보십시오. 그리스도와의 새출발 (13-17페이지)에 앞으로 암송하게 될 다섯 구절에 대한 설명이 나와 있습니다.

성경암송을 위한 지침들

1. 가능한 한 그 구절을 소리 내어 읽으시오.
2. 주제와 장절을 제일 먼저 외시오.
3. 주제와 장절에 본문의 첫 마디를 덧붙여 외시오.
4. 주제와 장절의 첫 마디를 몇 번 되풀이 왼 뒤에 둘째 마디를 덧붙여 외시오. 이런 식으로 한 마디 한 마디 덧붙여 되풀이해서 외면 전체 구절을 완전히 욀 수 있게 됩니다.
5. 성경을 암송하고 복습할 때에는 그 말씀을 어떻게 생활에 적용할 수 있는지에 대해서 생각해 보시오.
6. 항상 다음과 같은 순서로 복습하시오.
    (1) 주 제 "구원의 확신"
    (2) 장 절 "요한일서 5 : 11, 12"
    (3) 본 문 "또 증거는 이것이니 하나님이 우리에게 영생을 주신 것과 이 생명이 그의 아들 안에 있는 그것이니라. 아들이 있는 자에게는 생명이 있고 하나님의 아들이 없는 자에게는 생명이 없느니라."
    (4) 장 절 "요한일서 5 : 11, 12"
7. 단 한 번의 실수도 없이 주제, 장절, 본문, 장절을 정확하게 외었다고 생각하는 그때가 바로 그 말씀을 되풀이하여 복습을 시작할 가장 중요한 시기입니다. 성경을 완전히 암송했으면 최소한 하루 한 번씩 그 말씀을 복습해야 하며 처음 며칠간은 하루에 서너 번 정도 복습을 하는 것이 좋습니다. 어떤 사람은 암송에는 도대체 소질이 없다고 포기하기도 합니다. 실제

로 대부분의 사람들에게 기억이 오래 지속되지는 않습니다. 하나님께서는 우리에게 망각을 허락하셨습니다. 그리고 어떤 것들은 꼭 잊어버려야만 되는 경우도 있습니다. 반면 하나님께서는 우리에게 기억력도 주셨습니다. 그러나 기억을 잘하기 위하여는 기억의 기초적인 원리들을 적용해야 합니다. 가장 중요한 원리는 복습의 원리입니다. 어느 말씀을 암송하고 나면 부분적으로 곧 잊게 되며 이를 다시 복습하면 또 다시 부분적으로 잊게 되는 과정을 되풀이하게 됩니다. 그런데 이 복습 과정은 되풀이될수록 점차로 시간이 적게 들며 결국은 잊지 않고 완전히 기억하게 됩니다.

다음 도표는 그 상태를 잘 예시해 주고 있습니다.

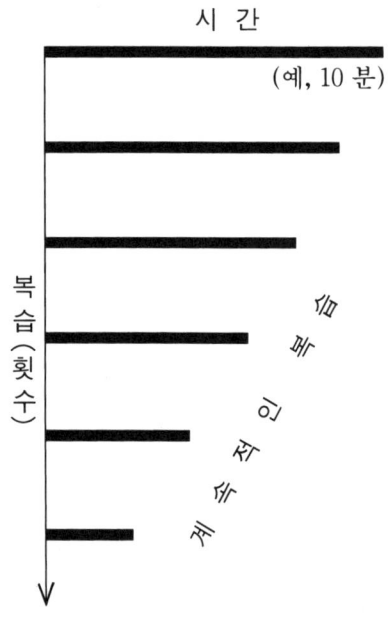

시 간	설 명
(예, 10 분)	어느 한 구절을 완전히 외는 데 걸린 시간을 나타낸다.
	몇 시간 뒤엔 잊게 되므로 다시 외어야 하나 처음 욀 때보다 시간과 노력이 적게 든다.
	역시 일부를 잊게 되나 다시 반복하여 외는 데 걸리는 시간은 좀 단축된다.
	역시 일부를 잊지만 복습하는 데 걸리는 시간이 훨씬 줄어든다.
	역시 일부를 잊어버리나 복습하는 데 걸리는 시간이 전보다 훨씬 많이 단축된다.
	이젠 확신 있게 자신감을 가지고 그 구절을 욀 수 있게 된다.

단원 2를 위한 과제 :

1. 성경암송 : 그리스도와의 새출발(설명)을 주의 깊게 읽고 앞으로 암송하게 될 다섯 구절을 공부하시오. 그리고 19-20페이지에 있는 요약 퀴즈를 푸시오. "구원의 확신" 요한일서 5 : 11-12을 암송하시오. (암송카드는 기독교 서점에서 구입하거나 개인적으로 작성하여 사용하십시오.)
2. 성경읽기 : 매일 성경을 읽으며 표시하시오.
3. 성경공부 : 성경공부, 제 1 과 "예수 그리스도는 누구십니까?", 문제 1-9 (71-72페이지)를 공부하시오.

단원 2

단원의 개요 :

1. 서로 인사를 나눈다.
2. 단원 1을 복습한다.
3. 지난 주 동안 성경을 읽고 표시해 둔 것을 다른 사람들과 함께 나눈다.
4. 두 사람씩 짝을 지어 요한일서 5 : 11-12 암송을 점검한다.
5. 암송 방법을 복습한다.
   (1) 소리를 내어 연습하시오.
   (2) 되풀이되는 실수를 잘 발견하여 바로잡으시오.
   (3) 복습이 열쇠입니다. 매일 복습하시오.
6. 그리스도와의 새출발 요약 퀴즈(19-20페이지)에 대해 토의한다.
7. 성경공부, 제1과 "예수 그리스도는 누구십니까?", 문제 1-9(71-72 페이지)를 토의한다.
8. 단원 3을 위한 과제(20페이지)를 읽는다.
9. 기도로 마친다.

그리스도와의 새출발 요약 퀴즈

앞 과에서 배운 그리스도와의 새출발을 토대로 다음 문제들을 완성하십시오. (이 문제들의 대부분은 13-17 페이지의 내용에 근거한 것입니다.)

1. 2 : 7시리즈 1 권을 공부하는 동안 암송하게 될 구절들의 주제와 장절을 쓰시오.

주 제	장 절
_____의 확신	_____
_____의 확신	_____
_____의 확신	_____
_____의 확신	_____
_____의 확신	_____

2. "볼지어다. 내가 문 밖에 서서 두드리노니"로 시작되는 성경 구절은? (13 페이지)

   _____

3. 다음 글을 완성하시오(13 페이지) : "너무나 많은 사람들이 그들의 구원받은 사실을 _____
   _____으로 측정하는 잘못을 범하고 있습니다."

4. 다음 글을 완성하시오 (베드로전서 2 : 2, 사도행전 20 : 32, 13페이지) : "하나님의 말씀이 바로 당신의 _____ 입니다. 그리고 이 말씀이 당신을 믿음 안에 세워 줄 것입니다."

5. 시편 기자는 "주의 말씀을 내 마음에 두었나이다"(시편 119 : 11)라고 말했는데 이것은 무엇을 의미한다고 생각하십니까? (13페이지)

   _____

   _____

6. 사탄의 공격을 방어하기 위하여 하나님께서 주신 효과적인 무기는 무엇입니까? (에베소서 6 : 17, 14페이지)

   _____

   _____

7. 예수님께서 사탄에게 시험을 받으실 때에 무엇이라 말씀하셨습니까? (14페이지)

   _____

   _____

단원 3을 위한 과제 :

1. 성경암송 : "기도응답의 확신" 요한복음 16 : 24을 암송하시오.
2. 성경읽기 : 성경을 읽으면서 계속 표시해 나가시오.
3. 성경공부 : 성경공부, 제 1 과 "예수 그리스도는 누구십니까?", 문제 10-21(72-74페이지)를 공부하시오.
4. 기타 : 22-27페이지에 나오는 찰스 E. 험멜이 쓴 긴급한 일의 횡포를 주의 깊게 읽으시오. 중요한 내용엔 반드시 표시를 해두시오. 28페이지에 나오는 긴급한 일의 횡포에 대한 토의 문항 1-3을 완성하시오.

단원 3

단원의 개요 :

1. 함께 암송 복습을 하는 방법(21-22페이지)을 공부한다.
2. 두 사람씩 짝을 지어 암송한 구절을 서로 점검한다.
   (1) "구원의 확신"-요한일서 5:11-12
   (2) "기도응답의 확신"-요한복음 16:24
3. 지난 주 동안 성경을 읽으면서 표시해 둔 것을 다른 사람들과 함께 나눈다.
4. 성경공부, 제 1 과 "예수 그리스도는 누구십니까?", 문제 10-21(72-74페이지)을 토의한다.
5. 긴급한 일의 횡포(22-27페이지)를 토의한다.
6. 개인 성경읽기표 사용법(29-30페이지)을 읽는다.
7. 단원 4 를 위한 과제(30페이지)를 읽는다.
8. 기도로 마친다.

함께 암송 복습을 하는 방법

1. 먼저 가장 잘 아는 암송구절부터 복습하시오.
2. 서로 돕고 격려하며 칭찬하는 분위기를 유지하시오. 서로가 암송을 성공적으로 할 수 있도록 최선을 다하시오.
   "두 사람이 한 사람보다 나음은 저희가 수고함으로 좋은 상을 얻을 것임이라. 혹시 저희가 넘어지면 하나가 그 동무를 붙들어 일으키려니와 홀로 있어 넘어지고 붙들어 일으킬 자가 없는 자에게는 화가 있으리라"(전도서 4:9-10).
3. 글자 하나 틀리지 않고 완벽하게 외는 것을 목표로 하시오.
   (1) 성경말씀을 정확하게 인용할 수 있을 때 다른 사람이 당신에게 신뢰감을 갖게 되어 그를 잘 도와 줄 수 있습니다.
   (2) 완벽하게 암송된 말씀은 기억하고 있기가 용이합니다.
   (3) 그저 내용만 대충 기억하고 있으면 그 말씀이 어디에 있는지도 모를 뿐 아니라 그 말씀을 사용할 때의 권위도 훨씬 떨어집니다.
   (4) 무슨 일이든지 그 일이 할 만한 가치가 있는 일이라면 그 일을 완벽하게 할 가치도 있

는 것입니다. "무슨 일을 하든지 마음을 다하여 주께 하듯 하고 사람에게 하듯 하지 말라" (골로새서 3 : 23).
4. 상대방이 틀렸을 때 점검해 주는 사람이 틀렸음을 알려 주되 그 내용은 요청할 경우에만 알려 주도록 하시오.
5. 암송한 사람이 틀린 것을 고친 뒤에는 다른 구절로 넘어가기 전에 그 틀렸던 구절을 정확하게 외도록 반복시키십시오. 그리고 월 때에는 발음을 분명하게 하여 서로 쉽게 이해할 수 있도록 하시오.

긴급한 일의 횡포

찰스 E. 험멜

당신은 하루가 30시간이었으면 하고 바랐던 적이 있습니까? 이 여분의 시간은 틀림없이 우리의 생활 속에서 겪는 엄청난 압박감을 덜어 줄 것입니다. 우리들의 삶에는 끝내지 못한 일들이 계속해서 쌓이게 됩니다. 답장 못한 편지들, 방문해야 될 친구들, 쓰지 못한 글, 그리고 읽어야 할 책들이 우리의 마음을 산란케 하고 있습니다. 우리는 이러한 압박에서 벗어나기를 간절히 염원하고 있습니다.

그러나 하루가 30시간으로 된다고 해서 이 문제가 해결될 것 같습니까? 그렇게 되더라도 곧 24시간일 때와 마찬가지로 고통을 겪는 것은 어쩔 수 없을 것입니다. 자녀가 많아짐에 따라 더욱더 일손이 요구되는 어머니로부터 학생, 목사에 이르기까지 어느 누구 예외 없이 산더미처럼 쌓인 마치지 못한 일들로 씨름하고 있습니다. 시간이 늘어도 일은 계속 쌓이므로 문제 해결에 도움이 되지 못합니다. 게다가 직장과 교회에서는 경험과 기술의 발달로 더욱더 고된 업무가 부과되고 있습니다. 일이 갈수록 많아지는 반면에 즐거움을 점차 잃어 가고 있음을 깨닫게 됩니다.

뒤범벅된 우선순위들

돌이켜 보면 우리의 문제는 단지 시간이 부족하다는 것 이상으로 심각하다는 사실을 깨닫게 됩니다. 그것은 근본적으로 우선순위의 문제인 것입니다. 고된 일 자체가 우리를 괴롭히지는 않습니다. 우리 모두는 어느 중요한 일에 몰두하여 장시간 전력을 기울여 본 경험이 있습니다. 그 결과 좀 지친다 해도 성취감과 희열로 말미암아 피로감은 말끔이 해소됩니다. 첩첩이 쌓인 끝마치지 못한 일들에 짓눌려 불안감을 갖게 되는 이유는 고된 일 때문이 아니라 바로 의심과 미심쩍은 염려 때문입니다. 즉 보다 중요한 일을 빠뜨렸을지도 모른다는 의심이 마음을 불안 초조케 합니다. 다른 사람들의 요구를 이것저것 무작정 들어주다가 자신이 곤궁에 몰려 좌절하기도 합니다. 죄 문제는 그만두고라도 우리는 다음과 같은 고백을 하지 않을 수 없습니다. "우리가 마땅히 할 일은 하지 못하고, 하지 말았어야 할 일만 했구나."

몇 년 전 어느 경험 많은 방적공장 지배인이 나에게 말했습니다. "사람들에게 가장 큰 문제는 당장 밀어닥치는 발등의 불을 끄느라고 막상 중요한 일을 놓쳐 버리는 것이오." 그는 무심코 건넨 이야기였을지 몰라도 나에겐 큰 감명을 주었던 말이었습니다. 지금도 간혹 그 말이 떠올라 나를 채찍질해 주며 우선순위라는 중요한 문제를 생각케 해줍니다. 우리는 긴급한 일과 중요한 일 사이에서 끊임없이 긴장하며 지내고 있습니다. 문제는 막상 중요한 일은 당장 하지 않아도 된다는 데 있는 것입니다. 기도하며 말씀 보는 일, 어느 친구와의 중요한 약속, 어느 중요한 책을 세밀히 탐독하는 일 등 이러한 중요한 계획들은 얼마든지 뒤로 미루어질 수 있습니다. 하지만 긴급한 일들 즉 시시각각 우리를 압박해 오는 끊임없는 요구들은 즉각적으로 처리되기를 요구하고 있습니다.

가정은 이제 성(城)으로서의 의미를 잃었습니다. 긴급한 요청을 해오는 전화가 성벽을 돌파하는 바람에 그 성은 긴급한 업무로부터 떠나도록 보호하지를 못합니다. 끊임없이 되풀이되는 업무들은 불가피하며 또한 중요하게 보여서 우리의 정력을 소모하게 만듭니다. 그러나 시간적인 관점에서 볼 때에 긴급하게만 보였던 일의 기만적인 긴급성은 축소되며, 오히려 중요한 일을 제쳐 둔 것이 손실임을 알게 됩니다. 긴급한 일의 횡포에 노예가 되었던 것입니다.

당신은 피할 수 있습니까?

이와 같은 삶의 유형에서 벗어날 길이 있겠습니까? 우리 주님의 생애는 거기에 대한 분명한 답을 제시해 주고 있습니다. 주님께서는 십자가에 달리기 바로 전날 밤 놀라운 선언을 하셨습니다. 요한복음 17장에 나오는 위대한 기도 가운데 주님은 "아버지께서 내게 하라고 주신 일을 내가 이루었나이다"(4절 참조)라고 말씀하셨습니다.

어떻게 "이루었다"고 말씀을 하실 수 있었겠습니까? 주님의 3년간의 사역은 극히 짧아 보였습니다. 베다니 문둥이 시몬의 집에서 베풀어진 잔치에서 주님에 의해 죄사함을 얻고 새 생활을 시작한 창녀가 있었는가 하면, 아직도 생명의 빛을 발견하지 못한 채 죄 가운데 거리에서 방황하는 불쌍한 자들이 더욱 많았습니다. 열 사람의 손 마른 사람들이 주님으로 말미암아 건강을 되찾았다면, 백 사람 정도는 아직도 고침을 받지 못한 채 병중에 신음하고 있었을 것입니다. 수많은 일들을 남겨 놓고 긴급했던 인간들의 필요를 다 채워 주지도 못하였지만, 그럼에도 불구하고 마지막날 밤에 주님께서는 평안을 누리셨으며 하나님의 일을 다 이루셨다고 말씀하셨습니다.

복음서를 보면 예수님께서 아주 열심히 일하신 사실을 알 수 있습니다. 마가는 다음과 같이 기록하고 있습니다. "저물어 해질 때에 모든 병자와 귀신들린 자를 예수께 데려오니 온 동네가 문 앞에 모였더라. 예수께서 각색 병든 많은 사람을 고치시며 많은 귀신을 내어 쫓으시되 귀신이 자기를 알므로 그 말하는 것을 허락지 아니하시니라"(마가복음 1:32-34).

때로는 병자들을 고치시기 위해 식사를 거르신 적도 있었으며 늦게까지 일하시는 주님을 보고 친속들마저 정신나간 것으로 생각한 경우도 있었습니다(마가복음 3:21). 한번은 예수님께서 고되게 가르치신 후 배를 타고 제자들과 함께 건너편으로 가실 때에 너무 곤하게 잠든 나머지 심한 광풍조차도 그를 깨울 수 없을 정도로 지치셨던 적도 있었습니다(마가복음 4:37-38).

그렇지만 주님의 삶은 그저 들뜬 가운데 분주하기만 한 삶은 아니었습니다. 주님은 사람들의 필요를 아셨고 그들과 함께 시간을 보내셨습니다. 우물가에서 만난 사마리아 여인과 같은 한 개인을 위해서 많은 시간을 함께 보내며 대화를 나누셨던 적도 있습니다. 주님께서는 때에 맞고 균형 잡힌 삶을 사셨습니다. 예수님의 형제들이 유대로 올라가시기를 청했을 때 주님께서는 "내 때가 아직 이르지 아니하였다"(요한복음 7:6 참조)라고 응답하셨습니다. 또한 예수님은 성급한 행동으로 그에게 주어진 은사를 망가뜨린 적이 없었습니다.

A. E. 화이트햄은 그의 저서 영적인 생활의 훈련과 계발에서 다음과 같이 말하고 있습니다. "이분의 생애에는 적절한 목표가 있었습니다. …그분의 내적인 휴식은 분주했던 삶에 여유를 더해 주었습니다. 무엇보다도 그분은 버림받은 사람들, 고통과 실망 그리고 적대감과 사망 속에서 신음하는 쓰레기 취급받는 폐인들을 하나님께서 사용하실 수 있는 위대한 자로 변화시킬 수 있는 비밀과 능력을 소유하고 있었으며, 삭막한 고통의 장소를 열매가 풍성한 곳으로 바꿀 수 있는 능력도 가지고 있었으며, 급기야는 승리의 최후를 장식하고 30년 남짓한 짧은 인생을 일단락짓고 있으나 그는 목표를 '성취한 삶'을 사셨습니다. 우리는 그분의 삶의 균형과 아름다움에 대하여 경탄만 하고 그와 같은 삶을 가능케 한 이유를 간과해서는 아니되겠습니다."

하나님의 인도를 기다리며…

예수님의 사역의 비밀은 무엇이었겠습니까? 예수님께서 하루종일 땀흘리며 사람들을 위해 수고하신 뒤에 무엇을 하셨는지 마가복음 1장 35절을 통해 살펴봅시다. "새벽 오히려 미명에 예수께서 일어나 나가 한적한 곳으로 가사 거기서 기도하시더니." 예수님의 매력적인 삶과 성공적인 사역의 비밀이 이 말씀에 숨겨져 있습니다. 예수님께서는 기도하는 가운데 하나님의 인도를 기다렸고 그것을 순종할 힘을 얻으셨던 것입니다. 예수님께서는 하나님의 뜻이 모두 나타나 있는 청사진을 소유하고 다니지 않으셨습니다. 날마다 기도를 통하여 하나님의 뜻을 분별할 수 있었던 것입니다. 이러한 기도의 삶이 긴급한 일들의 횡포에서 벗어나 정작 중요한 일들을 성취할 수 있도록 해주었던 것입니다.

나사로가 죽었을 때에도 예수님은 이러한 본을 보여 주셨습니다. 마르다와 마리아로부터 "주여, 사랑하시는 자가 병들었나이다"(요한복음 11:3)라는 긴급한 소식을 들었을 때 이것보다 더 긴급한 일이 어디 있었겠습니까? 요한은 주님의 역설적인 반응을 다음과 같이 기록하고 있습니다. "예수께서 본래 마르다와 그 동생과 나사로를 사랑하시더니, 나사로가 병들었다 함을 들으시고 그 계시던 곳에 이틀을 더 유하시고"(5-6절). 무엇이 가장 긴급한 일이었겠습니까? 두 말할 필요도 없이 사랑하는 형제 병든 나사로를 살리는 것이었을 것입니다. 그러나 하나님의 관점에서 볼 때 병든 나사로가 아닌 죽은 나사로를 살리는 것이 더 중요한 것이었습니다. 그래서 나사로의 죽음을 그대로 방치해 두셨던 것입니다. "나는 부활이요 생명이니 나를 믿는 자는 죽어도 살겠고"(25절). 예수님의 이 위대하신 선언은 바로 뒤이어 죽은 나사로를 무덤에서 일으키신 표적에 의해 뒷받침되어 명백한 진리임이 드러났습니다.

우리는 왜 주님의 사역이 그렇게도 짧았는지, 5년 혹은 10년 더 연장할 수는 없었는지, 그리고 왜 그렇게도 많은 괴로움당하는 사람들을 불행 속에 그대로 남겨 두셨는지에 대해 이상하게 생각할지 모릅니다. 성경말씀조차도 이 문제에 대해선 언급이 없습니다. 다만 우리가 알지 못하는 하나님의 신비스런 섭리일 뿐입니다. 그러나 우리가 분명히 알 수 있는 것은 예수님께서 조용히 기도하면서 하나님의 인도를 기다리셨기에 긴급한 일들의 횡포에서 벗어날 수 있었다는 사실입니다. 주님께서는 기도를 통해서 분명한 목표와 방향을 설정하셨고 하나님께서 맡겨 주신 일들을 꾸준히 그리고 완벽하게 성취하셨던 것입니다. 그래서 돌아가시기 바로 전날 밤 주님께서는 "아버지께서 내게 하라고 주신 일을 내가 이루었나이다"라고 말할 수 있었습니다.

의뢰할 때 자유롭게 됩니다

우리 주님의 삶의 본과 약속을 통하여 긴급한 일의 횡포에서 벗어날 수 있는 길을 발견할 수 있습니다. 예루살렘에서 바리새인들과 격렬한 논쟁 끝에 예수님께서 자기를 믿은 유대인들에게 이렇게 말씀하셨습니다: "너희가 내 말에 거하면 참 내 제자가 되고 진리를 알지니 진리가 너희를 자유케 하리라… 진실로 진실로 너희에게 이르노니 죄를 범하는 자마다 죄의 종이라… 그러므로 아들이 너희를 자유케 하면 너희가 참으로 자유하리라"(요한복음 8 : 31-36). 우리 믿는 자들은 모두 예수님으로 말미암아 죄의 형벌로부터 구원을 받았습니다. 우리는 또한 주님의 도우심으로 긴급한 일의 횡포로부터도 벗어날 수 있습니다. 주님께서 그 방법을 제시해 주셨습니다. "너희가 내 말에 거하면…" 이것이 참 자유함을 얻는 비결입니다. 기도와 말씀을 묵상하는 일은 우리에게 하나님의 시야를 갖도록 해줍니다. P.T. 포시스는 "가장 심각한 죄는 기도하지 않는 죄다"라고 말한 적이 있습니다. 우리는 보통 살인, 간음, 또는 도적질 등을 가장 심각한 죄로 여깁니다. 그러나 모든 죄의 근원은 하나님과 무관하게 자기만족을 추구하는 데서 비롯됩니다. 우리가 기도를 통하여 하나님의 인도하심과 능력을 기다리는 일에서 실패한다면 입술로는 직접 그렇게 말하지 않는다 할지라도 행동 자체가 하나님이 필요없음을 강력히 선언하는 것과 다름없습니다. 우리의 봉사 가운데 얼마나 자주 "자기 스스로 독단적으로" 하고 있는지 생각해 보십시오.

이와는 정반대로 하나님의 지시와 공급이 필요함을 인정하고 기도하는 삶을 살아야 합니다. 하나님을 의뢰하는 관계에 대해서, 도날드 베일리는 "예수님께서는 하나님을 전폭적으로 의뢰하는 삶을 사셨습니다. 우리 모두가 그러한 삶을 살아야 합니다. 그렇다고 해서 그렇게 의뢰하는 삶이 인간성을 말살시키는 것은 아닙니다. 인간이 하나님을 온전히 의뢰하는 삶을 살 때 비로소 가장 참되고 완전한 인간성을 소유하게 되는 것입니다. 하나님을 의지하는 것만이 참다운 인간성을 소유한 가장 온전한 인간이 되는 길입니다"라고 말했습니다.

기도하며 하나님의 뜻을 기다리는 것은 효과적인 봉사를 하는 데도 없어서는 안 될 중요한 것입니다. 축구 경기 전반전 종료 후 숨을 돌리고 새로운 전략을 세우듯이 우리는 기도하며 주님의 가르침을 받는 시간을 통해 힘을 얻고 긴급한 일의 횡포로부터도 벗어날 수 있게 되는 것입니다. 주님께서는 주님 자신과 우리, 그리고 우리의 사역에 대한 명확한 진리를 보여주십니다. 또한 주님께서 우리에게 원하시는 일이 무엇인가 마음속 깊이 새겨 주십니다. 당장 필요하다고 해서 그 일이 나의 소명은 아닙니다. 소명은 반드시 우리의 한계까지도 익히 잘 알고 계시는 하나님께로부터 나옵니다. "아비가 자식을 불쌍히 여김같이 여호와께서 자기를 경외하는 자를 불쌍히 여기시나니 이는 저가 우리의 체질을 아시며 우리가 진토임을 기억하심이로다"(시편 103 : 13-14). 위궤양이나 신경쇠약, 심장마비, 뇌일혈 등으로 우리가 지쳐 쓰러질 때까지 우리에게 무거운 짐을 지우는 일을 결코 하나님께서 하시지 않습니다. 이런 것들은 우리 스스로 심리적 압박감을 이기지 못하는데다 외부 환경으로부터 오는 중압감이 겹쳐 발생하는 것들입니다.

평가

요즈음 사업가들은 평가를 위해 따로 시간을 마련하는 것이 얼마나 중요한가를 깨닫고 있습니다. 듀퐁 회사의 사장이었던 그린 월트는 "계획하는 데 투자한 1분은 업무수행에 3-4분을 절약하게 한다"라고 말했습니다. 많은 판매원들이 금요일 오후를 다가오는 주 동안 이루어질 중요한 활동들을 신중히 계획하는 일에 들임으로 그들의 사업을 혁신시키고 엄청난 수익을 거두고 있습니다. 만약 어떤 중역이 너무 바쁜 나머지 조용히 앉아 계획을 세우는 일을 등한시하면 얼마 못 가 그는 계획 세우는 일에 시간을 투자할 줄 아는 다른 사람에게 그 자리를 넘겨줘야 하는 위기에 직면하게 될 것입니다. 마찬가지로 만일 그리스도인이 너무 바빠서 잠시 시간을 내어 영적인 계획을 세우고 하나님의 지시를 받지 못한다면 그는 긴급한 일의 횡포에 노예가 되고 말 것입니다. 그는 자신에게나 다른 사람에게 중요하게 보이는 많은 일들을 완수하려 밤낮 수고하나 하나님께서 그에게 맡겨 주신 일은 결코 이루지 못할 것입니다.

하루를 시작하기 전에 말씀과 기도로 보내는 경건의 시간은 하나님과 우리와의 흐트러진 관계를 정상화시켜 줍니다. 이 시간에 앞으로 다가올 일들을 생각하면서 주님의 보여 주시는 뜻대로 순종할 것을 굳게 결심하도록 하십시오. 또한 이런 여유 있는 시간에 이미 결심했던 일들을 고려하면서 새롭게 할 일들을 우선순위대로 기록해 보십시오. 유능한 장군은 언제나 싸움이 시작되기 전 그의 전략을 다 세우고 기본적인 결정들을 이미 다 해놓은 상태에서 전쟁을 치릅니다. 그뿐 아니라 어떤 비상사태가 발생할 경우에 대비하여 그의 계획을 수정할 준비도 갖추고 있습니다. 그러므로 당신도 하루가 시작되기 전 당신의 영적 전쟁에 대비하여 모든 계획을 수립하도록 하되 일단 유사시나 예기치 않던 사람이 방문하는 경우도 예상하여 대비하십시오.

또한 당신은 전화로 요청해 오는 초대에 즉각 응해 버리려는 유혹을 피해야 합니다. 아무리 당장 생각에 그날 아무 선약이 없다 할지라도 하루나 이틀 정도 여유를 가지고 기도하면서 주님의 인도를 기다리며 결정을 내리십시오. 전화를 끊고 호소하듯이 간청하는 상대방의 목소리가 사라진 뒤 생각해 보면, 놀랍게도 그 일이 별로 대수롭지 않은 경우가 많습니다. 만약 당신이 긴급한 요청을 받는 첫 순간을 지혜롭게 넘긴다면, 시간이 흐르면서 좀더 나은 입장에서 그 일의 중요성을 헤아려 하나님의 뜻을 분별할 수 있게 될 것입니다.

날마다 갖는 경건의 시간뿐만 아니라 영적인 계획표를 세우기 위하여 일주일에 한 시간을 떼어 놓도록 하십시오. 그래서 그 시간에 지난 일을 평가해 보고 주님께서 주시는 교훈들을 기록해 보며 다가올 일주간의 목표를 세우십시오. 때로는 한달간의 목표를 세우고 계획하기 위해 하루를 떼어 놓을 수도 있습니다. 우리는 이런 일에 자주 실패합니다. 바쁘면 바쁠수록 사실은 계획하는 시간이 더욱 필요한데도 그럴 수 없는 것처럼 보이는 것이 현실입니다. 방향도 확실치 않으면서 더욱 속도를 내어 질주하는 미치광이가 되어 버리고 맙니다. 그리고 하나님을 위하여 열정적으로 섬긴다는 것이 결국 하나님으로부터 도피해 버리는 꼴이 되어 버립니다. 그러나 만약 당신이 기도하면서 할 일들을 적어 보며 계획하는 시간을 갖는다면 당신이 하는 일에 새로운 전망을 갖게 될 것입니다.

지속적인 노력

해를 거듭하면서 매일 주님과 경건의 시간을 보내는 일과 매주 그리고 매월 계획 세우는 일에 적절히 시간을 떼어 놓는 일이 그리스도인의 생활 가운데 가장 지속적으로 어려움을 겪는 영역이 되고 있습니다. 말하자면 행군 명령을 받는 시간이라고도 볼 수 있는 이러한 시간이 중요함을 안 사탄은 어떻게 해서든지 그 시간을 앗아가려고 온갖 노력을 다합니다. 그러나 우리는 경험을 통해서 바로 이러한 시간을 통해서만이 긴급한 일의 횡포로부터 벗어날 수 있음을 확실히 알고 있습니다. 예수님께서는 우리에게 분명하게 본을 보여 주셨습니다. 주님은 팔레스타인에서 발생했던 모든 긴급한 일들이나 그가 하고 싶었던 모든 일들을 다 하시지는 않으셨으나 하나님께서 맡겨 주신 일들을 모두 이루셨습니다. 우리가 하나님께서 원하시는 것을 하고 있다는 것을 확신할 때 절대로 좌절감에 빠지지 않게 됩니다. 바로 오늘 이 순간 이곳에서 내가 하나님의 뜻을 행하고 있다는 것보다 더 중요한 것은 없습니다. 오로지 그렇게 할 때에만 다 끝마치지 못한 일들도 평안한 마음으로 하나님께 맡길 수 있을 것입니다.

얼마 전 젊은 폴 칼슨 박사가 총탄에 맞아 숨겼습니다. 하나님의 경륜으로 보면 그의 생애의 모든 일은 그것으로 끝난 것입니다. 우리 중 대부분은 그보다 더 오래 살다가 조용히 죽어 갈 것입니다. 그러나 임종의 순간이 올 때 우리가 하나님께서 맡겨 주신 일들을 다 끝마쳤다는 확신을 가질 수 있다면 그보다 더 큰 기쁨이 어디 있겠습니까? 우리 주 예수 그리스도의 은혜로 말미암아 우리 모두는 그러한 삶을 살 수 있습니다. 주님은 우리를 죄 가운데서 구원하셨을 뿐 아니라 주님의 뜻을 행하며 하나님을 섬길 수 있는 힘을 주시겠다고 약속을 하셨습니다. 그 방법은 너무도 명백합니다. 주님의 말씀 안에 거할 때에 우리는 주님의 참 제자가 될 수 있습니다. 또한 주님께서 우리로 긴급한 일의 횡포에서 벗어나 자유롭게 주님의 뜻을 행하여 보다 중요한 일을 할 수 있도록 해주실 것입니다.

Originally published by InterVarsity Press as Tyranny of the Urgent by Charles Hummel. © 1967 by InterVarsity Christian Fellowship of the USA. Translated by permission of InterVarsity Press, Downers Grove, Illinois 60515, USA.

긴급한 일의 횡포에 관한 토의

"우리는 방법은 완전하나 목표가 혼돈된 시대에 살고 있다." - 알버트 아인슈타인

"차선은 종종 최선의 적이 된다." - 무명

1. "긴급한 일의 횡포" 글에 나오는 "긴급한 일"의 정의를 내려 보십시오.

2. "긴급한 일의 횡포" 글에 나오는 "중요한 일"의 정의를 내려 보십시오.

3. "긴급한 일의 횡포"를 읽고 가장 크게 감명이 된 것을 아래 여백에 적어 보십시오.

4. 이 글에 대해 토의하는 가운데 다른 사람이 발표했던 좋은 생각이 있으면 기록해 두십시오.

개인 성경읽기표 사용법

개인 성경읽기표는 당신이 성경을 어디까지 읽었나를 잘 보여 줍니다. 그것을 사용하면 큰 도움과 자극이 됩니다. 여기에는 성경의 각 권이 성경에 있는 순서대로 기록되어 있습니다. 구약과 신약은 따로 나뉘어져 있습니다. 그리고 각 권에 기록된 숫자는 그 권의 장을 나타내 줍니다. 예를 들면 로마서는 총 16장으로 되어 있기 때문에 그에 따라 16까지 숫자가 기록되어 있습니다.

신 약

마 태 복 음	1	2	3	4	5	6	7	8	9	10	11	12	13	14	15	16	17	18	19	20
	21	22	23	24	25	26	27	28												
마 가 복 음	1	2	3	4	5	6	7	8	9	10	11	12	13	14	15	16				
누 가 복 음	1	2	3	4	5	6	7	8	9	10	11	12	13	14	15	16	17	18	19	20
	21	22	23	24																
요 한 복 음	1	2	3	4	5	6	7	8	9	10	11	12	13	14	15	16	17	18	19	20
	21																			
사 도 행 전	1	2	3	4	5	6	7	8	9	10	11	12	13	14	15	16	17	18	19	20
	21	22	23	24	25	26	27	28												
로 마 서	1	2	3	4	5	6	7	8	9	10	11	12	13	14	15	16				
고 린 도 전 서	1	2	3	4	5	6	7	8	9	10	11	12	13	14	15	16				
고 린 도 후 서	1	2	3	4	5	6	7	8	9	10	11	12	13							

만약 당신이 오늘 로마서 1장과 2장을 읽었다고 합시다. 다 읽은 뒤에 성경읽기표의 로마서 난에 있는 1과 2의 숫자에 사선을 긋든지 "×"표시를 하면 됩니다.

사 도 행 전	1	2	3	4	5	6	7	8	9	10	11	12	13	14	15	16	17	18	19	20
	21	22	23	24	25	26	27	28												
로 마 서	⟋	⟋	3	4	5	6	7	8	9	10	11	12	13	14	15	16				
고 린 도 전 서	1	2	3	4	5	6	7	8	9	10	11	12	13	14	15	16				
고 린 도 후 서	1	2	3	4	5	6	7	8	9	10	11	12	13							

또는

사 도 행 전	1	2	3	4	5	6	7	8	9	10	11	12	13	14	15	16	17	18	19	20
	21	22	23	24	25	26	27	28												
로 마 서	×	×	3	4	5	6	7	8	9	10	11	12	13	14	15	16				
고 린 도 전 서	1	2	3	4	5	6	7	8	9	10	11	12	13	14	15	16				
고 린 도 후 서	1	2	3	4	5	6	7	8	9	10	11	12	13							

한 권을 다 읽었을 때에는 끝마친 날짜를 기록해도 좋습니다.

사 도 행 전	1	2	3	4	5	6	7	8	9	10	11	12	13	14	15	16	17	18	19	20
	21	22	23	24	25	26	27	28												
로 마 서	⟋	⟋	⟋	⟋	⟋	⟋	⟋	⟋	⟋	⟋	⟋	⟋	⟋	⟋	⟋	⟋	3/26			
고 린 도 전 서	1	2	3	4	5	6	7	8	9	10	11	12	13	14	15	16				
고 린 도 후 서	1	2	3	4	5	6	7	8	9	10	11	12	13							

언제나 다른 책으로 넘어가기 전 한 책을 끝까지 읽으십시오.

당신이 읽는 성경에 개인 성경읽기표를 붙여 두면 도움이 됩니다. 매일매일 성경을 읽고 나서 미루지 말고 바로 기록하도록 하십시오.

    개인 성경읽기표 사용은 당신의 성경읽기를 발전시키는 일에 커다란 의욕을 불러일으켜 줄 것입니다.(86페이지 참조)

단원 4를 위한 과제 :

1. 성경암송 : "승리의 확신" 고린도전서 10 : 13을 암송하시오.
2. 성경읽기 : 성경을 계속 읽어 가며 표시하시오. 성경읽기와 함께 개인 성경읽기표를 사용하시오. 성경읽기표는 그날그날 꾸준히 기록해 나가시오.
3. 성경공부 : 성경공부, 제 2 과 "예수 그리스도께서 하신 일," 문제 1-9(75-77 페이지)를 공부하시오.
4. 기도에 관한 실제적인 제안(31-33페이지)을 공부하시오.

단원 4

단원의 개요:

1. 두 사람씩 짝을 지어 암송을 복습한다.
    (1) "구원의 확신"—요한일서 5:11-12
    (2) "기도응답의 확신"—요한복음 16:24
    (3) "승리의 확신"—고린도전서 10:13
2. 지난 주 동안 읽고 표시해 둔 말씀을 다른 사람들과 나눈다.
3. 성경공부, 제 2 과 "예수 그리스도께서 하신 일," 문제 1-9(75-77 페이지)를 토의한다.
4. 기도에 관한 실제적인 제안(31-33페이지)을 공부한다.
5. 단원 5를 위한 과제(34페이지)를 읽는다.
6. 기도로 마친다.

기도에 관한 실제적인 제안

1. 기도는 하나님과의 교제입니다.
    (1) 하나님과의 교제에 대한 다음의 말씀을 찾아서 간단히 요약하시오.

    고린도전서 1:9 _____

    요한일서 1:3 _____

    (2) 당신이 어떤 사람과 교제를 나눈다고 할 때 최소한의 필요한 요소들은 무엇이겠습니까?

    _____
    _____

    (3) 하나님과 대화를 나누는 일에는 반드시 말씀을 듣고 아뢰기 위한 시간이 필요합니다. 다른 사람이 우리에게 말을 할 때에 우리가 그에게 적절히 응답하듯이, 하나님께서 우리에게 말씀해 주실 때에도 우리는 기도로써 하나님께 응답해야 합니다. 다음 그림을 통하여 올바른 의사소통과 잘못된 의사소통의 차이가 무엇인지 알아봅시다.

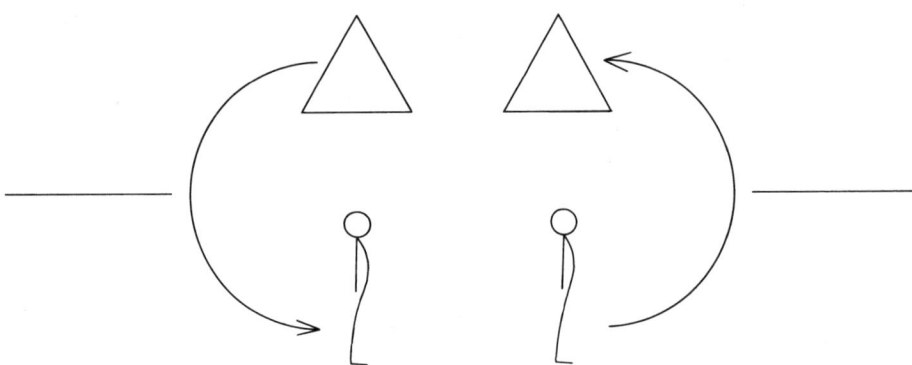

왼쪽 그림에서는 어느 그리스도인이 하나님께서 성경말씀을 통하여 말씀하시는 것을 듣고 있습니다. 오른쪽 그림에서는 말씀을 들은 뒤 기도를 하고 있습니다. 그런데 그가 하고 있는 기도의 내용은 하나님께서 그에게 방금 말씀해 주신 것과는 아무런 상관이 없습니다. 우리는 친구 사이에서도 상대방의 이야기를 무시하고 자기의 뜻만 관철시키려는 무례한 행동을 하지 않습니다. 그럼에도 불구하고 때로 우리도 모르는 사이에 하나님께 이러한 무례함을 보이고 있습니다. 이것은 분명히 잘못된 의사소통인 것입니다.

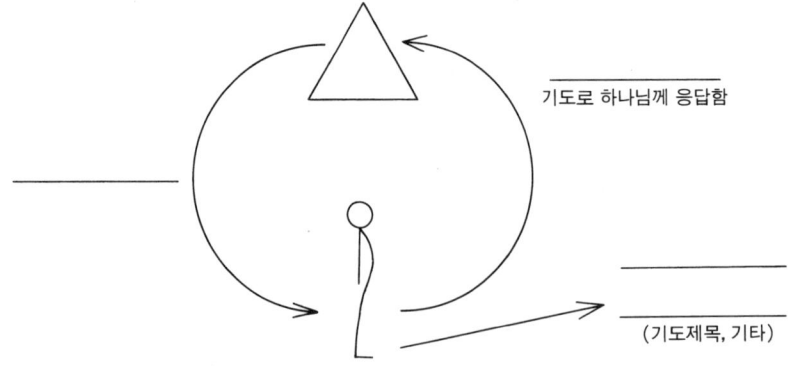

이 그림은 올바른 의사소통을 보여 줍니다. 하나님께서 어느 그리스도인의 마음속에 어떤 진리를 새겨 주시면 그는 기도로써 하나님께 응답합니다. 이를테면 어느 특별한 성경구절을 읽은 뒤에 그 말씀을 깨달을 수 있도록 기도한다든지 그 말씀을 생활에 적용할 수 있는 은총을 구한다든지 그 말씀에 대하여 단순히 감사와 찬양의 기도를 드리기도 합니다. 말씀을 다 읽은 후에만 아니라 읽으면서도 하나님께 기도로 응답할 수 있습니다. 그리고 그는 계속해서 그가 읽은 것과 관련이 없는 사항에 대해서도 하나님께 기도로 아룁니다.

2. A-C-T-S(사도행전)를 머리글자로 하는 기도의 네 영역은 균형 잡힌 기도의 길잡이가 됩니다. 다음의 말씀들을 성경에서 찾아서 간단히 요약하시오.

   A-찬양(Adoration) : 하나님의 성품과 속성들을 기리는 것.

      역대상 29 : 11 _____

      시편 145 : 1-6 _____

   C-자백(Confession) : 당신이 지은 죄를 하나님 앞에 시인하는 것(이것을 찬양보다 먼저 할 수도 있습니다).

      요한일서 1 : 9 _____

      시편 32 : 5 _____

   T-감사(Thanksgiving) : 하나님께서 당신에게 해주신 것들에 대하여 감사하는 것.

      에베소서 5 : 20 _____

      시편 100 : 4 _____

   S-간구(Supplication) : 자신과 남의 필요를 위하여 구하는 것.

      마태복음 7 : 7-8 _____

      야고보서 4 : 2 _____

3. 우리는 성령 하나님을 통해서 성자 되신 예수 그리스도의 이름으로 성부 하나님께 기도합니다. 삼위일체 되신 하나님께서 우리의 기도에 어떻게 관여하시는지 쓰시오.

   (1) 성부 하나님 _____
_____

      (마태복음 6 : 9, 요한복음 16 : 23, 에베소서 3 : 15)

   (2) 성자 하나님, 예수 그리스도 _____
_____

      우리는 중보자 되신 예수 그리스도의 이름으로 하나님께 나아갑니다.
      (요한복음 14 : 13-14, 요한복음 15 : 16, 요한복음 16 : 23-24)

   (3) 성령 하나님 _____

      우리가 마땅히 빌 바를 알지 못하나 말할 수 없는 탄식으로 우리를 위해 친히 간구해 주십니다(로마서 8 : 26).

단원 5를 위한 과제 :

1. 성경암송 : 다음 과를 위하여 새롭게 욀 말씀은 없습니다. 이미 알고 있는 세 구절을 예리하게 새겨 놓으시고 매일 최소한 한 번씩 복습하시오.
2. 성경읽기 : 개인 성경읽기표를 계속 기록해 나가면서 성경을 읽고 표시해 두시오. 경건의 시간(37-38 페이지)에 나오는 문제를 각 해당 성경 구절을 요약하여 완성하시오.
3. 성경공부 : 이번에는 과제가 없습니다.

단원 5

단원의 개요 :

1. 두 사람씩 짝을 지어 암송을 복습한다.
   (1) "구원의 확신" – 요한일서 5 : 11-12
   (2) "기도응답의 확신" – 요한복음 16 : 24
   (3) "승리의 확신" – 고린도전서 10 : 13
2. 지난 주 동안 성경을 읽고 표시해 둔 것을 다른 사람들과 나눈다.
3. 성경읽기 기록 노트의 사용법과 사용 목적(35-37페이지)을 읽고 토의한다.
4. 경건의 시간(37-38페이지)에 대해 토의한다.
5. 성경읽기, 성경암송, 성경공부의 특징(38-39페이지)을 주의 깊게 읽는다.
6. 완성 점검표(7-8페이지)의 사용법에 대해 토의한다.
7. 단원 6을 위한 과제(39페이지)를 읽는다.
8. 기도로 마친다.

성경읽기 기록 노트 사용법

날마다 다음과 같이 하시오.
1. 매일 성경을 읽으면서 표시하는 일을 하시오.
2. 당신이 읽은 부분을 죽 훑어보면서 가장 흥미 있었거나 도움을 주었던 내용을 하나 고르시오. 그 내용이 꼭 특별한 내용은 아니더라도 단지 당신에게 흥미를 주었다거나 도움을 준 것이면 됩니다.
3. 당신의 성경읽기 기록 노트를 다음과 같은 방법으로 기록하시오.
   번역판 – 당신이 사용한 번역판을 쓰시오.
   연　도 – 해당 연도를 기록하시오.
   ○ – 성경암송 복습이나 혹은 당신이 계속 점검해 나가기를 원하는 영역에 대하여 표시하는 곳입니다.
   날　짜 – 성경을 읽은 날짜를 기록하시오.
   오늘 읽은 부분 – 그날 읽은 성경구절 전체를 기록하시오.
   　　　　"예" 여호수아 2-5, 사도행전 8, 요한복음 5, 고린도후서 1-2.

오늘 표시해 둔 가장 감명 깊은 구절 — 그날 읽은 것 중에서 가장 흥미 있었거나 도움이 되었다고 생각된 내용을 결정하여 기록하시오. 성경구절 난에는 그 내용이 수록된 구절을 기록하고 중심 내용 난에는 그 말씀을 풀어 쓰거나 그대로 옮겨 쓰시오.

"예" 오늘 표시해 둔 가장 감명 깊은 구절 : <u>요한복음 3:16</u>

중심 내용 : <u>하나님께서는 세상 모든 사람들을 극진히 사랑하셨기에 우리의</u>
<u>죄를 위하여 그의 독생자 예수 그리스도를 보내시어 죽게 하셨다.</u>

감명 깊은 내용 — 그 말씀이 당신 개인에게 어떠한 깨달음을 주었는지 상세히 기록하시오.

"예" 감명 깊은 내용 : <u>나는 사랑이 그저 내가 다른 사람을 사랑한다고 말하는 것</u>
<u>으로 다 되는 것이 아님을 깨달았다. 사랑은 내 자신의 권리나 이익까지</u>
<u>도 다른 사람을 위해 포기하는 것이다. 그렇게 할 때라야 비로소 참사랑</u>
<u>이 나타나는 것이다.</u>

4. 급히 하는 경우에는 다른 종이에 다음과 같은 사항들을 간단하게 기록하시오.
   (1) 날짜
   (2) 그날 읽은 부분
   (3) 그날 표시해 둔 가장 감명 깊은 구절
   (4) 감명 깊은 내용

   이런 식으로 며칠 동안 계속 적어 나가다가 다시 원상태로 복귀하여 성경읽기 기록 노트를 사용하여 깨끗하게 정리하도록 하시오. 어떻게 하든 하루도 빠짐없이 매일매일 읽고 기록하는 것이 중요합니다.

성경읽기 기록 노트 사용 목적

1. 매일매일 묵상할 수 있는 내용을 제시해 줍니다. 매일 읽는 말씀 가운데 평균적으로 다섯 가지 정도의 감명을 받는다고 생각해 봅시다. 그 중 가장 좋았던 것 하나를 선정하여 묵상하십시오. 이렇게 함으로써 하나님께서 당신의 마음에 새겨 놓은 말씀을 사용하여 당신의 삶을 변화시켜 주십니다. 성경을 읽은 뒤 당신의 마음속에 막연한 생각들만 가지고 있다면 하나님께서 당신의 삶을 풍성한 삶으로 변화시키실 기회를 제한하고 맙니다.

2. 하나님께서 당신을 이끄시는 방향을 당신에게 알려 줍니다. 며칠 또는 몇 주에 걸쳐서 하나님께서 당신에게 말씀해 주셨던 주요한 내용들을 적어 보면 간혹 어떤 방향을 발견할 수가 있습니다. 이것은 장래에 대한 결정이나 과거와 현재 상황에 대한 올바른 이해, 혹은 이 두

가지 모두에 도움이 될 수 있습니다.

3. 다른 사람과 나눌 수 있는 구체적인 내용을 공급해 줍니다. 예배, 성경공부 인도, 설교 요청을 받았을 때 이미 자기에게 큰 감명을 준 바 있는 성경읽기 내용을 종합하거나 확대시키면 놀라운 자료가 될 수 있습니다. 이 자료는 다른 사람의 삶에서 얻어진 책자나 자료와는 달리 하나님께서 개인적으로 말씀해 주신 내용이기에 더욱 확신 있게 그리고 힘있게 나눌 수 있게 됩니다. 또한 다른 그리스도인들을 격려하거나 그리스도 안에서 도와 가는 데 더 없이 귀중한 자료가 될 수도 있습니다.

4. 예리한 통찰력과 조직적인 사고력을 갖게 해줍니다. 성경을 읽는 가운데 중요한 요점들을 추려 내는 훈련은 성경공부나 가족간에 결정할 일, 그리고 상담하는 일 같은 여러 영역에서까지 예리한 통찰력을 갖게 해줍니다.

5. 성경을 지속적으로 읽고자 하는 동기를 줍니다. 어느 일정 양식에 매일매일 읽은 내용을 기록해 나가는 것은 성경을 꾸준히 읽어 나가는 데 큰 도움이 됩니다. 당신은 성경읽기를 하루라도 빠뜨림으로 말미암아 그 기록 노트에 빈 칸을 남겨 두는 것을 원치 않을 것입니다. 이것은 그리 좋은 동기는 못되나 건전한 동기로 읽게 될 때까지는 이런 식으로라도 지속하는 것이 좋습니다.

6. 마지막 제안 : 기록할 때 완벽을 기한 나머지 지나치게 꼼꼼하게 어휘 선택이나 문법적인 면에 신경을 쓴다거나 깨알 같은 글씨로 빡빡하게 채우는 데 많은 시간을 투자하지 마십시오. 깨끗이 그리고 읽기 쉽도록 쓰는 것은 중요한 일입니다. 그리고 기록을 오래 보관할 수 있도록 연필 사용은 가능한 한 피하는 것이 좋습니다.

경건의 시간

"그리스도의 성품을 그대로 보여 주는 사람들, 그리고 주님을 위해 세상에서 가장 영향력 있는 삶을 살아가는 사람들의 두드러진 특징은 바로 그들이 하나님과 많은 시간을 함께 보냈다는 것이다. 주님과 만나는 일을 소홀히 하는 사람은 하나님을 위해 아무것도 할 수 없다."
— E. M. 바운즈

1. 경건의 시간이란 무엇입니까?

   (1) 차분한 마음으로 성경말씀을 묵상하고 기도하는 시간입니다.

   (2) 하나님과의 교제에 있어 핵심적 요소입니다.

2. 다음은 경건의 시간을 갖는 가장 중요한 이유 두 가지입니다.(각 말씀을 찾아서 요약하여 빈칸에 기록하시오.)

   (1) 영적인 성장을 위한 영양 공급을 위해서. 우리 육신의 건강을 위해서 음식과 적절한 영양 보충은 필수적입니다. 마찬가지로 영적 성장과 영적 건강을 위해서 말씀의 지속적인 섭취는 절대적으로 필요합니다.

   베드로전서 2 : 2 _____

   시편 119 : 103 _____

   예레미야 15 : 16 _____

   히브리서 5 : 12-14 _____

   (2) 주님과의 생명력 있는 사귐을 위해서.
   "우리가 매일 주님과 자유롭고 솔직하게 대화를 나누는 것을 생활화한다면 하나님께서 항상 내 곁에 계심을 알게 될 것입니다."　　　　　　　　 －브라더 로렌스

   고린도전서 1 : 9 _____

   요한복음 15 : 4 _____

   미가 6 : 8 _____

   시편 16 : 11 _____

성경읽기, 성경암송, 성경공부의 특징

1. **성경읽기** : 성경읽기는 재미있고 신선한 것이 되어야 합니다. 또한 영적인 활기를 북돋워 주는 것이어야 합니다. 성경을 읽을 때에는 성경말씀에 나타나는 세부적인 내용들보다는 성경의 어느 장, 또는 권의 개괄적인 주제나 전체적인 내용에 더욱 관심을 갖게 됩니다. 성경읽기의 커다란 유익점은 개인적으로 믿음 안에 굳게 서게 해준다는 것입니다. 우리가 하나님께 마음문을 열고 성경을 읽어 나갈 때 우리의 생각과 욕구와 동기들이 순수하게 정화될 수 있습니다. 성경읽기는 로마서 12장 2절에 나오는 말씀처럼 "이 세대를 본받지 말고 오직 마음(사고 과정)을 새롭게 함으로 변화를 받으라"는 바울의 권고를 실천하는 데 도움을 줍니다. 하나님의 말씀을 읽는 것은 경건의 시간의 기초가 됩니다.

2. **성경암송** : 복음서를 보면 예수님께서 구약성경을 자유자재로 인용하셨음을 알 수 있으며, 사도행전을 보면 예수님을 따랐던 제자들도 그와 같이 행했던 것을 찾아볼 수 있습니다. 큰 회사일수록 정보에 정통하며 잘 다루듯이, 하나님의 자녀인 우리들도 전도, 다른 사람을

격려하는 일, 유혹으로부터 승리하는 일, 성경공부를 준비하는 일 등을 위하여 활용할 말씀들에 항상 정통해야 합니다. 그러기 위해서는 기록된 말씀을 암송하여 마음속에 새겨 두는 것이 최고입니다. 신명기 6 : 6에 보면 "오늘날 내가 네게 명하는 이 말씀을 너는 마음에 새기고"라고 되어 있으며, 시편 119 : 9, 11에 보면 "청년이 무엇으로 그 행실을 깨끗케 하리이까. 주의 말씀을 따라 삼갈 것이니이다…내가 주께 범죄치 아니하려 하여 주의 말씀을 내 마음에 두었나이다"라고 말하고 있습니다. 만약 우리가 그리스도의 군사로 따르기를 원한다면 영적 전쟁에 대비하여 철저히 말씀으로 무장하는 것이 필요합니다.

3. 성경공부 : 성경읽기가 말씀에 대한 전반적인 시야를 넓혀 준다면 성경공부는 구절마다의 세부적인 사실에 눈뜨게 하여 성경의 전체적인 내용과 연결시켜 줍니다. 말하자면 성경읽기는 비행기를 타고 시가지를 바라보는 것이라고 할 수 있습니다. 우리는 고층빌딩, 강, 공원, 도로 등으로 이루어진 시가지를 대충 한눈으로 바라보게 됩니다. 그렇지만 성경공부는 시가지를 자동차를 타고 다니면서 도로 명칭도 익히고 상점, 은행, 우체국 등의 위치도 정확히 알아 두는 일에 비유할 수 있습니다. 우리는 시가지를 구석구석 다니므로 여기저기 자세히 알게 되며 익숙하게 되는 것입니다. 성경공부는 바로 우리에게 주신 하나님의 말씀을 자세히 파헤침으로 개개의 구체적인 진리들을 마음속에 분명히 심어 줍니다. 그래서 성경공부는 마음속에 확신을 굳게 해줍니다. 성경공부는 단지 성경을 정성들여 읽는 것 이상으로 성경말씀 한 문단으로부터 교훈(진리)을 끌어내어 묵상과 기도를 통하여 생활에 적용해 나가는 일인 것입니다.

단원 6을 위한 과제 :

1. 성경암송 : "사죄의 확신" 요한일서 1 : 9을 암송하시오. 그 동안 왼 것들을 철저히 복습하여, 다음 주에는 완성 점검표에 모두 확인을 받도록 하시오.
2. 경건의 시간 : 계속해서 성경을 읽으며 표시하시오. 매일 읽는 가운데 특기할 만한 사항을 골라 성경읽기 기록 노트에 기록하시오. 다음 시간에 그것을 꼭 지참해서 그 내용을 나누도록 하시오.
3. 성경공부 : 성경공부, 제 2 과 "예수 그리스도께서 하신 일," 문제 10−21(77−80페이지)을 공부하시오.

단원 6

단원의 개요 :

1. 두 사람씩 짝을 지어 다음 암송 구절들을 복습한다.
   (1) "구원의 확신"―요한일서 5:11-12
   (2) "기도응답의 확신"―요한복음 16:24
   (3) "승리의 확신"―고린도전서 10:13
   (4) "사죄의 확신"―요한일서 1:9
2. 성경을 읽는 가운데 발견한 특기할 만한 것들을 몇 가지 나눈다. 특별히 성경읽기 기록 노트에 기록해 두었던 것들을 나누도록 한다.
3. 성경공부, 제 2 과 "예수 그리스도께서 하신 일," 문제 10-21(77-80페이지)을 토의한다.
4. 단원 7 을 위한 과제를 읽는다.
5. 기도로 마친다.

단원 7을 위한 과제 :

1. 성경암송 : "인도의 확신" 잠언 3:5-6을 암송하시오.
2. 경건의 시간 : 성경을 읽으면서 표시를 계속하시오. 매일매일 특기할 만한 것들을 선택하여 성경읽기 기록 노트에 기록하시오.
3. 성경공부 : 이번 주에는 성경공부 과제가 없습니다. 앞으로 계속해서 제 3 과 "그리스도 안에 있는 영생"를 공부하게 됩니다.
4. 기타 : 지금까지 배운 모든 내용들을 다시 한번 복습하시오. 그룹 기도를 위한 지침(41-43페이지)을 공부하여 토의할 수 있도록 준비하시오. 모든 과제들을 빠짐없이 완성하여 다음 단원을 공부할 때 완성 점검표에 확인을 받을 수 있도록 하시오.

단원 7

단원의 개요 :

1. 두 사람씩 짝을 지어 그리스도와의 새출발에 나오는 다섯 개의 암송 구절을 모두 복습한다.
2. 성경을 읽는 가운데 발견한 특기할 만한 사실들을 서로 나눈다. 특별히 성경읽기 기록 노트에 기록해 둔 것들을 나누도록 한다.
3. 단원 6까지 공부했던 내용 중에서 감명을 받고, 축복이 되며, 도전이 되었던 내용을 서로 나눈다.
4. 그룹 기도를 위한 지침(41-43페이지)을 토의한다.
5. 두세 가지 제목을 가지고 간단하게 함께 기도한다.
6. 단원 8 을 위한 과제를 읽는다.

그룹 기도를 위한 지침

"진실로 다시 너희에게 이르노니 너희 중에 두 사람이 땅에서 합심하여 무엇이든지 구하면 하늘에 계신 내 아버지께서 저희를 위하여 이루게 하시리라. 두세 사람이 내 이름으로 모인 곳에는 나도 그들 중에 있느니라." — 마태복음 18 : 19-20

하나님께서는 언제나 당신과의 교제를 원하고 계십니다. 당신은 개인적인 기도뿐만 아니라, 그룹 기도를 통해서도 하나님께 나아가 하나님과 교제할 수 있습니다. 그룹 기도란 두 명 이상의 그리스도인들이 모여, 같은 내용을 가지고 한마음과 한뜻으로, 살아계신 하나님께 기도하는 것입니다. 우리는 초대 교회에서 그룹 기도의 좋은 예를 찾아 볼 수 있습니다. 예수님께서 승천하신 후, 예수님을 따르던 사람들은 한 곳에 모여 마음을 같이하여 전혀 기도하기에 힘썼습니다(사도행전 1 : 14 참조). 그리고 그들이 복음을 증거하기 원했을 때에나, 헤롯 왕에 의해 사도 베드로가 투옥되었을 때에도, 그들은 일심으로 기도하였으며, 하나님은 그들의 기도에 능력으로 응답해 주셨습니다.

그룹 기도를 할 때에는 한 인도자가 그 모임을 인도하는 것이 보통입니다. 인도자는, 기도하는 사람들이 한마음 되는 것을 돕기 위하여, 그 모임에서 기도할 주제와 그 주제에 관련된 정보를 모두에게 알려 주는 것이 좋습니다. 또한 기도하기 위해 모인 사람들이 기도에 대한 축복과 약속을 더욱 확신할 수 있도록 그 주제나 기도 자체에 대한 성경말씀을 찾아 읽거나 암송하도록 할 수도 있습니다. 인도자는, 멤버들이 자원해서 기도 제목을 맡아서 기도하도록 기회를 주어도 되고, 혹은 기도 제목과 멤버들을 연관지어 생각하며 나누어 주어도 됩니다. 그룹 기도에서는 몇 차례에 걸쳐 소리를 내어 기도하게 되는데, 당신의 기도 소리를 듣게 되는 사람들에게 줄 인상을 두려워하지 마십시오. 기도의 형식이나 특정한 말 자체에 신경을 쓰지 말고 단지 하나님과 이야기를 나누는 일에 주의를 집중시키십시오.

그룹 기도시에 유의할 몇 가지 지침을 소개합니다:

1. 한마음이 되기에 힘쓰십시오. "너희 중에 두 사람이 땅에서 합심하여 무엇이든지 구하면 하늘에 계신 내 아버지께서 저희를 위하여 이루게 하시리라"(마태복음 18:19)고 약속해 주셨습니다. 하나님께서는 그의 자녀들이 모여서 기도할 때에 마음을 합하여 그의 앞에 나아오기를 원하십니다. 소리를 내어 기도하는 사람과 함께, 당신도 마음속으로 같이 기도하십시오. 당신이 소리를 내어 기도할 때에는 다른 사람들 또한 당신과 함께 마음속으로 기도하여 한마음으로 기도할 수 있습니다.

2. 책임감을 느끼는 가운데 기도하십시오. "나는 너희를 위하여 기도하기를 쉬는 죄를 여호와 앞에 결단코 범치 아니하고…"(사무엘상 12:23). 사무엘은 이스라엘 백성에 대해 책임을 깊이 느끼는 가운데 기도하였습니다. 당신의 귀중한 기도 시간을 단순히 요구 사항들을 나열해 놓는 것이 아니라, 다른 영혼들에 대해 책임을 깊이 느끼며, 당신의 마음을 하나님께 드리는 시간이 되도록 하십시오.

3. 간결하게 기도하십시오. 모두가 특정한 기도 내용에 집중할 수 있도록 구체적이면서도 간결하게 기도하는 것이 좋습니다. 한 제목으로 길게 기도하면, 함께 기도하는 사람들이 집중하기가 어려워집니다. 자기가 맡은 기도 제목을 가지고 기도하다 보면, 그와 연관지어서 다른 사람의 기도 제목까지도 기도하게 되는 경우가 있는데, 그렇게 되면 다른 사람을 난처하게 만들게 됩니다.

4. 모두가 잘 알아들을 수 있도록 하십시오. 그룹 기도는 당면한 문제를 놓고 마음을 함께하여 온전히 기도에 드려질 수 있는 의미 있는 시간이 되어야 합니다. 다른 사람들이 이해하지 못하는 어려운 단어나 외국어를 사용하여 기도하면 듣는 사람들이 확신 있게 "아멘" 할 수 없다는 사실을 기억하십시오. 또한 기도 내용을 모두가 잘 알아들을 수 있도록, 기도하는 사람은 발음을 정확히 하며 목소리 크기를 적절히 조절하는 것도 필요합니다.

요약 :
1. 한마음으로
2. 책임감을 가지고
3. 간결하게
4. 모두가 잘 알아들을 수 있도록

그룹 기도를 인도할 때 처음에 약간의 여유를 주어 사람들이 마음을 차분히 가라앉히고 당면 문제에 관심의 초점을 모을 수 있는 기회를 주는 것이 효과적입니다. 기도는 하나님께 초점을 맞춰 시작하여 점차로 간구로 옮겨가는 것이 정상적입니다. 그룹 기도에서 보통 찬양과 감사로 시작하는 것이 가장 좋습니다. 한 사람이 주님의 위대하심을 찬양하는 것으로 기도를 시작하면 다른 사람은 그의 전능하심에 대하여 찬양할 수 있습니다. 그리고 또 다른 사람이 이어 그의 신실하심을 찬양할 수도 있습니다. 그리고 이어 최근에 그리스도를 믿게 된 이웃사람을 기억하며 주님께 감사를 드릴 수 있으며, 이 기도를 이어받아 다른 사람이 그에게 그리스도 안에 있는 풍성한 삶을 누리게 하신 주님께 감사하는 기도를 할 수 있습니다.

그리고 나서 그 그룹 내의 필요들을 위해 기도할 수 있습니다. 서로를 위해 기도할 때에 그 그룹 안에 있는 다른 사람들과의 상호 관계가 더욱 깊어짐을 알게 될 것입니다. 또한 한 주간 동안 서로를 위해 기도해야 되겠다는 책임감도 더해집니다.

다음으로 그룹 밖의 필요들을 위해 기도할 수 있습니다. 그 필요들은 무수히 많습니다. 그렇지만 너무 넓게 확장시키려다 비효과적인 산만한 기도가 되느니보다는 차라리 몇 가지만이라도 충실히 하는 것이 더욱 중요합니다.

이러한 기도를 통하여 그룹으로 하는 기도에 새로움이 더할 것이며 넘치는 기쁨을 경험하게 될 것입니다. 또한 기도 시간도 예상보다 훨씬 빨리 지나가 버리는 아쉬움마저 느끼게 될 것입니다. 그러므로 그룹에서뿐만 아니라 혼자 있을 때에도 더욱 기도하고자 하는 마음이 생겨 개인적인 기도 생활에도 큰 발전을 가져올 수 있습니다.

단원 8을 위한 과제 :

1. 성경암송 : 다음 시간까지 이 과정에서 요구하는 성경구절 암송을 다 마치시오. (완성 점검표의 "그리스도와의 새출발" 난에 확인을 받을 수 있도록 하시오.)
2. 경건의 시간 : 성경을 계속 읽으면서 표시하시오. 성경읽기 기록 노트를 사용하시기 바랍니다.
3. 성경공부 : 성경공부, 제 3 과 "그리스도 안에 있는 영생," 문제 1-13(81-83페이지)을 공부하시오.

단원 8

단원의 개요 :

1. 두 사람씩 짝을 지어 다섯 구절을 모두 암송하고 완성 점검표(7페이지)의 암송란 전항에 확인을 받는다.
2. 성경읽기 기록 노트에 기록한 것 중 최소한 한 가지씩 다른 사람들과 함께 나눈다.
3. 성경공부, 제 3 과 "그리스도 안에 있는 영생," 문제 1－13(81－83페이지)을 토의한다.
4. 단원 9를 위한 과제를 읽는다.
5. 함께 기도하는 시간을 가진다.

단원 9를 위한 과제 :

1. 성경암송 : 그리스도와의 새출발에 나오는 다섯 구절들을 매일 계속 복습하시오.
2. 경건의 시간 : 성경을 읽으면서 표시하는 것을 계속하시오. 그리고 성경읽기 기록 노트를 계속 사용하시오.
3. 성경공부 : 성경공부, 제 3 과 "그리스도 안에 있는 영생," 문제 14－20과 요약(83－85페이지)을 공부하시오.

단원 9

단원의 개요 :

1. 두 사람씩 짝을 지어 다섯 구절을 모두 복습한 뒤에 완성 점검표에 확인을 받는다.
2. 성경읽기 기록 노트에 기록한 내용을 가지고 한 가지 이상 다른 사람과 나눈다.
3. 성경공부, 제 3 과 "그리스도 안에 있는 영생," 문제 14－20과 요약(83－85페이지)을 토의한다.
4. 수레바퀴 예화(45－52페이지)를 토의한다.
5. 단원 10을 위한 과제를 읽는다.
6. 기도하고 마친다.

수레바퀴 예화

수레바퀴 예화는 생명력 있는 그리스도인의 삶을 살아가는 데 꼭 필요한 중요한 요소들을 시각적으로 잘 보여 줍니다. 다음 과정에서 암송하게 될 말씀들은 모두 이 수레바퀴 예화와 관계되는 구절들입니다. 이 예화는 다음 과정에서 하게 될 암송을 더욱 재미있고 의미 있게 해 줄 것입니다.

수레바퀴 예화의 세 가지 중요한 차원은 다음과 같습니다.

1. 의지적 차원
   (의지와의 관계)
   축 : 중심 되신 그리스도
   테 : 그리스도께 순종

2. 수직적 차원
   (하나님과의 관계)
   말씀의 살
   기도의 살

3. 수평적 차원
   (다른 사람과의 관계)
   교제의 살
   증거의 살

의지적 차원
(의지와의 관계)
축 : 중심 되신 그리스도

암송구절 : 고린도후서 5 : 17
갈라디아서 2 : 20

그리스도를 삶의 중심에 모셔 들이는 행위, 즉 그리스도께 삶의 주재권을 맡기는 일은 참으로 당신의 의지의 결단입니다. 당신은 언젠가는 반드시 당신의 삶을 그리스도의 권위와 주재권에 전폭적으로 헌신해야 합니다. 거듭난 순간 그렇게 될 수도 있고 몇 달 혹은 몇 년이 지난 뒤 그러한 시기가 올 수도 있습니다.

실제로 주님 중심의 삶은 의지와 연관된 문제로 당신의 선택에 달려 있습니다. 그렇지만 당신과 주위 사람들이 이것을 위해 기도한다면 하나님께서 당신의 마음속에 하나님의 뜻대로 당신의 삶을 그리스도의 주재권에 헌신하고자 하는 열망을 주실 것입니다.

"너희 안에서 행하시는 이는 하나님이시니 자기의 기쁘신 뜻을 위하여 너희로 소원을 두고 행하게 하시나니." — 빌립보서 2 : 13

의지적 차원
(의지와의 관계)
테 : 그리스도께 순종

암송구절 : 로마서 12 : 1
요한복음 14 : 21

　당신이 그리스도께 순종하고 하나님의 인도하심에 전적으로 따른다면 주님 중심의 삶이 밖으로도 나타나게 됩니다. 그리하여 다른 사람에게 당신이 그리스도인임을 자연스럽게 증거할 수 있게 됩니다.
　하나님께 순종하는 삶이 어느 경우엔 밖으로 잘 드러나지 않을 수도 있습니다. 그러한 것들은 태도, 습관, 가치관, 동기, 매일매일 떠오르는 생각 등과 연관된 경우입니다. 심지어 이러한 내면적인 면까지도 결국 다른 사람들과의 관계 속에서 언젠가 드러나게 마련입니다. 당신이 하나님을 사랑하고 있다는 증거는 밖으로 드러난 작은 일에서의 순종을 통해서 나타나기 때문입니다.

　"너희는 내 목소리를 들으라. 그리하면 나는 너희 하나님이 되겠고, 너희는 내 백성이 되리라. 너희는 나의 명한 모든 길로 행하라. 그리하면 복을 받으리라." － 예레미야 7 : 23

수직적 차원
(하나님과의 관계)
말씀의 살

암송구절 : 디모데후서 3 : 16
여호수아 1 : 8

이 예화에서 말씀은 가장 기초적인 역할을 하는 살입니다. 실제적으로 이 말씀의 살이 균형 있는 그리스도인의 생활에 가장 중요한 요소일 것입니다. 하나님께서 성경을 통해 우리에게 말씀해 주시므로, 우리는 삶과 주님의 일에 필요한 원리들도 알 수 있고, 순종하는 법도 배울 수 있으며, 주님이야말로 자격이 없는 우리의 충성을 바치기에 합당하신 존귀한 분임을 알 수 있게 될 것입니다.

성경말씀을 개인적으로 왕성하게 섭취하는 그리스도인이 될 때 영적으로 건강하게 성장할 수 있습니다.

"모든 성경은 하나님의 감동으로 된 것으로 교훈과 책망과 바르게 함과 의로 교육하기에 유익하니, 이는 하나님의 사람으로 온전케 하며 모든 선한 일을 행하기에 온전케 하려 함이니라."
— 디모데후서 3 : 16-17

수직적 차원
(하나님과의 관계)
기도의 살

암송구절 : 요한복음 15 : 7
빌립보서 4 : 6-7

   기도는 성경 말씀을 묵상하는 가운데 자연스럽게 흘러나와야만 합니다. 하나님과의 관계에서 하나님께 드리는 기도를 통하여 서로의 온전한 사귐이 가능하게 됩니다. 하나님께서 당신에게 성경을 통하여 말씀해 주실 때에 기도로 하나님께 응답해야 합니다. 이렇게 해서 사랑의 교제를 원하시는 하나님과 마음을 주고받을 수 있습니다.
   기도는 하나님의 능력을 끌어들이는 통로입니다. 자신을 위한 영적 전쟁이든지 다른 사람을 위한 영적 전쟁이든지 기도로서만 승리할 수 있으며 기도를 통해서만 주님의 사역은 확장될 수 있습니다.

   "너는 내게 부르짖으라. 내가 네게 응답하겠고 네가 알지 못하는 크고 비밀한 일을 네게 보이리라."   - 예레미야 33 : 3

   "너희가 얻지 못함은 구하지 아니함이요."   - 야고보서 4 : 2 하

수평적 차원
(다른 사람과의 관계)
교제의 살

암송구절 : 마태복음 18 : 20
히브리서 10 : 24-25

    그리스도인들은 누구를 막론하고 높고 낮음이 없습니다. 누군가가 말하기를 "십자가 밑에 있는 땅은 평평하다"라고 말했는데 모두가 주님 안에서 하나임을 암시해 주는 말입니다. 모든 그리스도인들은 친밀한 하나님의 가족의 일원이 될 수 있는 놀라운 특권을 가지고 있습니다. 하나님께서는 그리스도인들이 다른 그리스도인들과 서로 사귐을 갖도록 부르셨습니다. 당신은 다른 사람으로부터 배울 수도 있고 또 그들을 격려할 수도 있어야 합니다. 그리스도인들이 함께 교제를 나눌 때 서로 주님 안에서 세워 주는 놀라운 힘을 갖게 됩니다. 이러한 효과는 다른 그리스도인들과 격리되어 혼자 있을 때는 도저히 얻을 수 없습니다.

   "그에게서 온 몸이 각 마디를 통하여 도움을 입음으로 연락하고 상합하여 각 지체의 분량대로 역사하여 그 몸을 자라게 하며 사랑 안에서 스스로 세우느니라."

- 에베소서 4 : 16

수평적 차원
(다른 사람과의 관계)
증거의 삶

암송구절 : 마태복음 4 : 19
로마서 1 : 16

    그리스도 안에서 누리는 넘치는 기쁨과 풍성한 삶을 다른 사람들과 나눔으로 그들도 그러한 삶을 누릴 수 있도록 해야 합니다. 당신의 경건한 삶과 기도 생활 그리고 즉각적으로 하나님께 순종하는 삶은 다른 사람들로 하여금 당신의 삶에 더욱 매력을 느끼게 하여 당신의 말에 대한 신뢰감을 더해 줄 것입니다.

    효과적인 전도를 위해서는 기술도 익혀야 합니다. 우리는 전도 기술을 배울 수 있을 뿐 아니라 계속 계발시킬 수도 있습니다. 전도 훈련을 받고 전도 경험을 쌓아 나간다면 더욱 능력 있는 하나님의 도구로 쓰임받을 수 있을 것입니다.

    "오직 성령이 너희에게 임하시면 너희가 권능을 받고 예루살렘과 온 유대와 사마리아와 땅 끝까지 이르러 내 증인이 되리라."   — 사도행전 1 : 8

완성된 모양
(전체로서의 수레바퀴)

　대개 "이것 아니면 저것" 식의 사고방식은 바람직하지 못합니다. 우리의 삶 자체가 본래 복합적으로 구성되어 있습니다. 기도 아니면 말씀이라든지 교제 아니면 전도 식으로 구분지어 생각해서는 안 됩니다. 균형 잡힌 그리스도인의 삶을 살아가려면 이 네 가지를 모두 포함해야 합니다. 모든 그리스도인은 이 네 가지 영역에서 균형 잡힌 성장을 해야 합니다.
　잘하는 영역은 하나님을 의뢰함으로 최대한으로 발전시켜 나가며, 결핍된 것이나 부족한 것들은 성령의 도우심으로 지속적으로 고치고 보완해 나가야 합니다. 수레바퀴는 당신의 균형 잡힌 영적 성장을 평가하는 좋은 지표가 될 수 있습니다. 해가 거듭함에 따라서 이 네 가지 영역에서 지속적인 성장을 이루어 영적으로 강건함을 유지하도록 하십시오.

　"저희가 사도의 가르침을 받아 서로 교제하며 떡을 떼며 기도하기를 전혀 힘쓰니라…
　기쁨과 순전한 마음으로 음식을 먹고 하나님을 찬미하며 또 온 백성에게 칭송을 받으니
　주께서 구원받는 사람을 날마다 더하게 하시니라."　　　　－ 사도행전 2 : 42-47

단원 10을 위한 과제:

1. 경건의 시간 : 성경을 읽고 표시하는 일과 성경읽기 기록 노트를 기록하는 일을 계속하시오.
2. "구원의 확신"(55-56페이지)을 공부하시오.
3. 기타 : 수레바퀴 삶의 개인적인 평가(54페이지)를 완성하시오. 1번과 2번을 완성한 뒤, 3번은 최소한 한 가지 항목을 쓰시오.

단원 10

단원의 개요 :

1. 두 사람씩 짝을 지어 다섯 개의 암송 구절을 모두 복습하고 완성 점검표에 나오는 암송란에 확인을 다 받는다.
2. 성경읽기 기록 노트에 기록한 내용을 한 가지 이상씩 다른 사람들과 나눈다.
3. 수레바퀴 삶의 개인적인 평가에 대해 토의한다.
4. 구원의 확신(55-56 페이지)을 토의한다.
5. 단원 11을 위한 과제를 읽는다.
6. 함께 기도하는 시간을 갖는다.

수레바퀴 삶의 개인적인 평가

1. 내가 가장 강하다고 생각되는 영역 : _____
   _____
   _____

2. 내가 가장 약하다고 생각되는 영역 : _____
   _____
   _____

3. 기 타 : _____
   _____
   _____
   _____
   _____

과정 2에서는 수레바퀴 예화에 나오는 여섯 가지 주제를 중심으로 말씀을 암송할 것이며 그에 관한 성경공부도 할 것입니다.

구원의 확신

구원의 확신을 갖는 것은 영적 성장에 있어서 출발점과도 같습니다. 말씀에 근거한 구원의 확신을 갖지 못하면 영적인 성장이 원만히 이루어지지 못하며 사탄이 주는 여러 가지 의심들로 인해 영적으로 무기력한 삶을 살게 됩니다. 그러므로 예수님을 영접한 이후에 성경 말씀을 기초로 하여 구원을 확신하는 것은 대단히 중요합니다.

1. 다음은 구원의 확신을 견고히 하는 데에 매우 중요한 말씀입니다. 말씀을 간단히 요약하시오.

    (1) 요한일서 5 : 13 _____

    (2) 로마서 10 : 9-10 _____

    (3) 요한복음 10 : 28-29 _____

    (4) 로마서 8 : 38-39 _____

대부분의 그리스도인들이 구원을 확신하지 못하는 이유는 복음을 정확하게 모르기 때문입니다.

"복음이란, 하나님의 아들이신 예수 그리스도께서 바로 당신의 죄를 위하여 십자가에 달려 돌아가신 후 사흘 만에 부활하셨고(고린도전서 15 : 3-4), 이제 당신이 이 사실을 믿기만 하면 당신의 모든 죄에 대해 용서를 받게 되고 하나님의 자녀가 되며 영생을 얻게 된다는 하나님의 약속입니다."

2. 다음은 사탄이 주로 사용하는 의심과 생각들을 기록해 놓았습니다. 하나님의 말씀은 어떠한지 성경을 찾아 요약하여 기록하시오.

    (1) "난 과거에 죄를 많이 지어서 구원받기 힘들거야."

    이사야 1 : 18 _____

    (2) "지난번에 자백했던 죄였는데 또 생각나는 것을 보니 용서받지 못한 것은 아닐까?"

    히브리서 10 : 17 _____

(3) "믿음만으로는 부족하고 선한 삶이 따라야 구원받을 수 있지 않을까?"

에베소서 2 : 8-9 _____

(4) "믿은 이후에 죄를 지으면 구원이 취소되는 것이 아닐까?"

히브리서 10 : 14 _____

(5) "영접은 했지만 느껴지지 않는다."

베드로전서 1 : 23 _____

(6) "하나님은 죄에 대하여 엄격한 분이시므로 용서하시지 않을거야."

시편 86 : 5 _____

3. 다이아몬드가 보는 방향에 따라 다른 색깔의 빛을 발하는 것과 같이, 하나님께서 우리에게 주신 구원에 대하여 성경은 여러 다른 표현들을 보여 주고 있습니다.

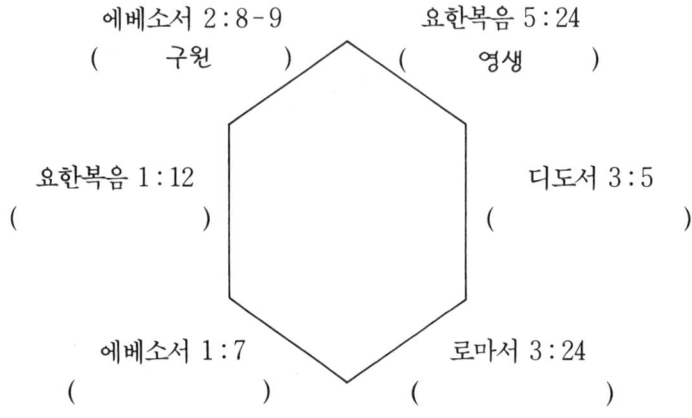

단원 11을 위한 과제 :

1. 성경암송 : 그리스도와의 새출발에 나오는 다섯 구절을 매일 복습하시오.
2. 경건의 시간 : 성경을 읽으면서 표시하는 일을 계속하시오. 성경읽기 기록 노트를 계속 사용하시오.
3. 57-58페이지에 있는 "사죄의 확신"을 공부하시오.
4. 기도 : 각자 자신의 기도 제목을 한 가지씩 적어 오시오.

단원 11

단원의 개요 :

1. 두 사람씩 짝을 지어 다섯 개의 암송 구절을 모두 복습하고 완성 점검표에 확인을 받는다.
2. 성경읽기 기록 노트에 기록한 것을 최소한 한 가지 정도 다른 사람들과 나눈다.
3. 사죄의 확신(57-58페이지)을 공부한다.
4. 단원 12를 위한 과제를 읽는다.
5. 함께 기도하는 시간을 가진다(특히, 참석자 각 개인의 기도 제목을 한 가지씩 제출하여 기도한다).

사죄의 확신

그리스도를 영접한 이후에도 죄를 짓습니다. 이러한 죄는 하나님과의 교제를 끊어 놓아 그리스도인들로 하여금 풍성한 삶을 살지 못하게 하며 영적 무력감에 빠지게 합니다. 하나님의 성품과 약속을 공부함으로 우리는 하나님의 용서하심에 대한 확신을 갖게 되며 승리의 삶을 살 수 있게 됩니다.

1. 우리는 우리 자신에 대해 무엇을 인정해야 합니까?

    요한일서 1 : 8, 10 _____

2. 요한일서 1 : 9에서

    (1) 하나님께서는 우리가 짓는 죄에 대해 우리가 어떻게 하기를 원하십니까?

    _____

    (2) 자백한다는 것은 무슨 뜻입니까?

    _____

    (3) 하나님은 어떠한 분이시기에 우리의 죄를 용서해 주십니까?

    _____

(4) 우리가 우리 죄를 자백할 때 하나님께서 약속하신 것은 무엇입니까?
_____

(5) 진정한 자백에 관한 교훈은 무엇입니까? (잠언 28 : 13)
_____

3. 우리는 죄에 대하여 어떠한 태도를 가져야 합니까?

시편 38 : 18 _____

잠언 4 : 14-15 _____

4. 하나님은 어떠한 분이십니까?

시편 86 : 5 _____

예레미야애가 3 : 22-23 _____

5. 이미 자백한 죄를 다시 기억하며 계속 죄의식에 빠지는 것은 어리석은 일입니다. 왜 그렇습니까?(히브리서 10 : 17)
_____
_____

6. 예수 그리스도의 희생에 대하여 히브리서 10 : 12은 무엇이라 말하고 있습니까?
_____
_____

7. 죄에 빠지지 않기 위하여 우리가 힘써야 할 것은 무엇입니까?

시편 119 : 9, 11 _____

마태복음 26 : 41 _____

히브리서 3 : 13 _____

우리는 예수 그리스도의 십자가의 공로로 인하여 죄에 대해서는 죽은 자요 하나님을 대해서는 산 자가 되었습니다. 더 이상 죄가 우리를 주관하도록 해서는 안 됩니다. 오직 우리는 우리의 삶을 통해 하나님을 기쁘시게 하며, 하나님을 섬기는 자가 되어야 합니다.

단원 12를 위한 과제 :

1. 성경암송 : 성경암송을 통하여 주님께로 돌아오다(60-66페이지)를 읽고 중요한 내용에 표시하시오. 그리고 67페이지에 있는 토의 문항 1-3을 완성하시오.
2. 경건의 시간 : 성경을 읽으면서 표시하는 일을 계속하시오. 성경읽기 기록 노트를 사용하시오.
3. 기타 : 완성 점검표를 보고 아직도 못다한 것들을 마저 끝마친 뒤 모두 확인을 받을 수 있도록 하시오.

단원 12

단원의 개요 :

1. 두 사람씩 짝을 지어 다섯 개의 암송 구절들을 모두 복습하고 완성 점검표의 암송란에 빠짐없이 확인을 받는다.
2. 성경읽기 기록 노트에 기록해 온 것 중 최소한 한 가지 정도의 축복을 나눈다.
3. 성경암송을 통하여 주님께로 돌아오다(60-66페이지)를 토의한다.
4. 완성 점검표의 모든 항목에 확인을 받았는가 점검한다. 인도자로부터 "과정 1 수료"란에 서명을 받는다.
5. 함께 기도하는 시간을 가진다.

성경암송을 통하여 주님께로 돌아오다

도슨 트로트맨

나는 내 생의 20년을 주님의 십자가를 모르는 어두움 속에서 살았고, 29년 반을 그리스도와 함께 빛 가운데서 살았습니다. 사실, 주님 안에서 살아온 29년 동안 매주 매월 경험한 기쁨과 즐거움은 구원받기 전 20년 동안 누려 온 모든 기쁨보다도 훨씬 더 큰 것이었다고 말할 수 있습니다.

어렸을 때부터 나는 이 세상이 주는 즐거움을 좀 얻어 보려고 노력했습니다. 마땅히 해서는 안 될 일을 처음으로 저질렀던 때가 생각납니다. 당시 아버지는 집을 떠나 계시지 않았고, 어머니는 생계를 위하여 남의 상점에서 일을 하고 계셨습니다. 어머니는 경대 위에 있는 조그마한 저금통에다 10센트 은화들을 저금하곤 하셨습니다. 여러 차례 나는 이 저금통을 노렸으나 은화를 꺼낼 수가 없었습니다. 어머니가 10센트 은화들을 저금통에 넣는 것을 여러 차례 보아 오면서 은화 한 개쯤 없어져도 알아채지 못할 것이라고 생각하게 되었습니다. 그래서 어느 날 양철 조각을 구해서 저금통 구멍에 꽂고 뒤집어 흔들었더니 은화가 와르르 쏟아져 나왔습니다. 나는 10센트 은화를 하나만 남기고 나머지는 모두 도로 집어 넣었습니다.

나는 상점으로 달려가 초콜렛을 씌운 맛있는 사탕과자 10개를 샀습니다. 이 사탕과자 속에는 조그만 상품권이 들어 있었습니다. 나는 과자들은 다 먹었지만, 열 개의 상품권들은 어떻게 보관해야 좋을지 몰라 난처했습니다. 어머니께서 그것들을 보시면 어디에서 났는지 물어보실 것이 뻔했습니다. 나는 사탕을 한꺼번에 너무 많이 먹어서 배탈이 났고, 마음도 역시 어머니의 돈을 훔쳤다는 생각으로 고통스러웠습니다.

차라리 그때에 이 못된 짓이 들켰더라면 얼

마나 좋았을까! 하지만 이 일은 10년이 지나 내가 20살이 될 때까지 들키지 않고 지나갔습니다. 십대 때는 고용주로부터 수백 달러를 훔쳐내기도 했습니다. 또, 고등학교 시절에는 학생회장으로서 졸업식 때 졸업생을 대표해서 답사도 했지만, 학생회비를 사취하기까지 했습니다. 졸업식 때 낭독했던 답사문의 주제는 "도덕과 준법 정신"이었습니다. 이 얼마나 터무니없는 기만 행위입니까?

모든 인간의 마음 밑바닥에는 두 가지 욕망이 자리잡고 있습니다. 행복해지고자 하는 욕망과 위대한 인물이 되어 뭔가 거창한 일을 해보고 싶다는 욕망입니다. 때때로 우리는 이런 문제에 대해서 심각하게 생각해 보곤 합니다.

나는 나의 이 못된 버릇을 고쳐 보려고 노력했습니다. 소년단에 가입해서 "나는 …믿음직스럽다, …충성스럽다, …도움을 준다, …우애한다, …예의바르다" 등등의 선서를 했습니다. 소년단 제복을 입었을 때 나는 새사람이 된 것 같았으나 사실은 외모만 변한 것뿐이었습니다. 좀더 나은 변화라고는 아무것도 없었습니다. 14살 때부터는 교회에 나가기 시작했지만, 그리스도를 만나지 못했습니다. 17살 때부터는 그리스도인인 여자 친구를 사귀기 시작했습니다. 그녀는 나에게 교회 학생회 모임에 참석하도록 권했고 나는 그녀와 함께 그 모임에 계속 참석하여 마침내 학생회 회장이 되었습니다. 그러나, 고등학교를 졸업하던 날 밤, 나는 그녀를 따돌려 버리고 구원받지 못한 아름다운 소녀와 사귀기 시작했습니다.

죄악의 길을 걷다

그 후 나는, "나 같은 인간은 도대체 옳은 일이라고는 할 수 없는 존재다. 내 속에 선한 구석이라고는 전혀 없어. 아마 나는 어쩔 수 없는 망나니 같은 녀석에 불과한가 봐"라고 생각하게 되었습니다. 살아갈수록 점점 더 무기력해지고, 더 형편없이 뒷걸음질하는 것 같았습니다. 결국 나는 포기하고 말았습니다. 고등학교를 졸업한 지 일 주일 만에 몇몇 친구들의 뒤를 따라 그때까지 한 방울도 입에 대본 적이 없던 술을 마시러 나갔습니다. 술을 마시면 즐거울 것이라고 그들은 말했지만, 이 얼마나 어처구니없는 거짓말이었던가!

다음날 오후 2시에 잠을 깨보니 양복이 찢어져 있었고 조끼는 어디로 갔는지 보이지 않았습니다. 허탈한 마음과 몽롱한 의식으로 그 동안 내가 어디에 있었는지조차 알 수가 없었습니다.

그 정도면 충분히 깨달았을 법도 한데 전혀 그렇지 못했습니다. 이것은 시작에 불과했습니다. 스무 살 되던 해에 네 번이나 경찰에 체포되어 앰뷸런스로 호송되었고, 네 번이나 경찰에 쫓겨 다녀야 했습니다. 스무 번째 생일이 지난 지 두 달 만에 경찰에 체포되어 유치장으로 호송되었습니다. 그때 어머니는 집에서 암으로 누워 계셨는데, 내가 체포되어 갈 것을 미리 알고 계셨던 것 같습니다. 내가 붙잡혀 가기 바로 얼마 전 어머니는 나에게 이렇게 말씀하셨습니다:

"얘야, 네가 내 마음을 심히 아프게 하는구나. 나는 너를 위하여 기도하고 있어. 네가 유치장에 수감되어 있다는 소식을 듣게 될까 봐 겁이 나는구나. 그렇게 되면 나는 죽을거야. 그 때문에 나는 죽게 될거야."

유치장으로 가던 중, 그때까지도 술이 깨지 않고 있었지만, 곤경에 처하면 누구나 다 그러하듯 나는 하나님께 부르짖었습니다. "오, 하나님! 오늘밤 이 비참한 지경에서 나를 구해 주신다면, 나를 유치장에 들어가지 않게 해주신다면, 하나님께서 원하시는 것은 무엇이든지 다 하겠습니다."

이런 기도를 하면서 나는 깜짝 놀랐습니다. 한 달 전, 호수에 빠져 거의 죽게 되었을 때도 나는 똑같은 기도를 했었기 때문입니다. 나와 함께 호수를 헤엄쳐 건너던 여자 친구가 호수 한가운데서 그만 허우적거리기 시작하는 것이었습니다. 너무 당황한 나머지 나는 어찌 할 바를 몰랐습니다. 그녀는 소리를 질렀고, 나는 그녀를 붙든 채 두 사람은 물속으로 빠져 들어갔습니다. 그때 나는, "하나님, 저를 살려 주십시오! 당신이 원하시는 것은 무엇이든지 다 하겠습니다"라고 외쳤습니다. 우리 머리가 물위에 다시 떠오르자 그때 마침 우리를 발견한 한 쌍의 남녀가 보트를 타고 와서 우리를 건져 주었습니다.

나는 그때 하나님과 약속했던 일을 잊고 있었습니다. 그러나 이번에도 나는, "하나님, 이번만 나를 구해 주시면 정말 당신이 원하는 일을 하겠습니다"라고 속으로 생각하고 있었습니다.

내 팔을 붙잡고 있던 키 큰 경관은 자기가 혐오하는 죄를 범한 데 대해 매우 분개하고 있었습니다. 그러나 내가 울기 시작하자, 그 경관은 나를 내려다보며 말했습니다 : "이런 생활이 좋은가?" "아닙니다. 이런 생활을 싫어합니다"라고 나는 대답했습니다. 그 경관은 나를 공원으로 데리고 가서 술이 깰 때까지 세 시간을 공원에 더 붙잡아 둔 뒤, 앞으로 더 착실한 생활을 하겠다는 약속을 받고 나서 나를 놓아 주었습니다.

선한 삶의 출발

이 일이 일어났던 것은 금요일 밤이었고, 이틀 후 일요일 저녁에 나는 교회에 갔습니다. 그때 내가 살던 마을은 인구 5천의 조그만 마을이었는데, 교회가 네 개 있었으며, 교회마다 청년회가 있었습니다. 거기에는 내 나이 또래의 젊은 친구들이 몇 명 있었으나, 하나님께서 그의 일을 맡길 만한 사람은 하나도 없었습니다. 하나님께서 이 도온 트로트맨에게로 인도하셔서 복음을 전하도록 사용하실 수 있었던 사람은 그 중에 하나도 없었던 것입니다.

내가 그리스도를 만나게 된 데에는 두 여선생님들의 역할이 컸습니다. 그들은 하나님께서 이 일을 담당하도록 택하신 사람들이었습니다. 이들은 밀스 선생님과 토마스 선생님이셨습니다. 밀스 선생님은 자연과학 교사였는데, 나는 문제아 중 하나였습니다. 그녀는 기도 목록에 내 이름을 적어 놓고 만 6년 동안 매일같이 나를 위해 기도해 주었습니다.

내가 체포되었던 금요일 밤에 밀스 선생님은 집에서 토마스 선생님과 함께 성경을 펴놓고 청년들에게 암송시킬 목적으로 구원에 관한 열 개의 성경 구절을 찾고 있었습니다. 밀스 선생님은 나를 위해 6년 동안을 기도해 왔지만, 내가 이 말씀을 암송하게 되리라고는 꿈에도 생각지 못했을 것입니다. 일요일이 되자 나는 청년회 모임에 참석하기로 마음먹었습니다. 교회에서 불과 얼마 떨어지지 않은 곳에 내가 즐겨 찾던 도박장이 있었습니다. 그날 저녁, 나는 도박장 친구들에게 교회에 가는 것을 들키지 않으려고 사방을 둘러보고 나서, 교회 안으로 살짝 숨어 들어가 청년회 예배에 참석했습니다.

고등학교 시절부터 알고 지내던 청년 두 명이 교회 입구에 서 있었습니다. 그들은 곧 나를 알아보고 반갑게 맞아 주며 그날 밤부터 성경 암송 대회가 시작된다고 알려 주었습니다.

쟈니와 앨리스가 서로 자기 편이 되라고 손을 잡아 끌었습니다. 나는 앨리스의 편이 되었고, 앨리스는 종이 한 장을 나에게 주며 가지고 있으라고 했습니다.

그리고 나서 우리는 안으로 들어가 보통 때와 같이 예배를 드리고 모임을 가졌습니다. 파티를 열 것과 성경암송을 포함해서 몇 가지 점수를 매기는 시합을 가질 것에 대해 토론한 사실 외엔 별로 기억나는 게 없습니다.

"이건 무슨 종이지?" 내가 앨리스에게 물었더니 그녀는 이렇게 대답했습니다. "거기에 숫자들이 적혀 있지? 그 숫자들은 성경의 장절을 나타내는 거야. 한 구절을 암송하면 5점을 얻고, 10구절을 암송하면 50점을 얻게 돼."

나는 집에 와서 작은 신약성경을 꺼내어 그 주간에 10구절을 모두 암송해 버렸습니다. 이 때 아직 구원받지 못했던 나는 다음과 같은 말씀들을 암송했습니다. "모든 사람이 죄를 범하였으매 하나님의 영광에 이르지 못하더니"(로마서 3:23). "죄의 삯은 사망이요…"(로마서 6:23). "한 번 죽는 것은 사람에게 정하신 것이요 그 후에는 심판이 있으리니"(히브리서 9:27). "내가 진실로 진실로 너희에게 이르노니 내 말을 듣고 또 나 보내신 이를 믿는 자는 영생을 얻었고, 심판에 이르지 아니하나니, 사망에서 생명으로 옮겼느니라"(요한복음 5:24). 그 가운데는 요한복음 1:12 말씀도 들어 있었습니다 : "영접하는 자 곧 그 이름을 믿는 자들에게는 하나님의 자녀가 되는 권세를 주셨으니."

다음 일요일에 내가 50점을 따서 우리 편이 이겼습니다. 앨리스가 나에게 성경말씀 열 구절을 더 주었습니다. 밀스 선생님은 누구든지 첫 번째 열 구절을 다 암송하면 다른 열 구절을 더 암송해야 하며, 이 두 번째 열 구절은 새로운 그리스도인들을 위한 것으로서 그리스도인의 생활 지침에 관한 말씀들이라고 가르쳐 주셨습니다. 그 두 선생님은 그 첫 주간에 나를 위해 얼마나 많은 기도를 해주셨는지 모릅니다!

두 번째 받은 성경 말씀 가운데는 다음과 같은 말씀들이 있었습니다. "그런즉 누구든지 그리스도 안에 있으면 새로운 피조물이라. 이전 것은 지나갔으니, 보라 새 것이 되었도다"(고린도후서 5:17). "주는 미쁘사 너희를 굳게 하시고 악한 자에게서 지키시리라"(데살로니가후서 3:3). "만일 우리가 우리 죄를 자백하면 저는 미쁘시고 의로우사 우리 죄를 사하시며 모든 불의에서 우리를 깨끗케 하실 것이요"(요한일서 1:9).

그 다음 일요일, 나는 또 50점을 따서 우리 편 백군이 상대편 청군을 앞지르는 데 큰 기여를 했습니다. 승리는 우리의 것이 되었습니다.

마음속에 일어난 하나님의 역사

이 성경암송은 잊을 수 없는 놀라운 결과를 나에게 가져다 주었습니다. 내가 청년회 모임에 새로운 관심을 갖기 시작한 지 3주일이 되던 어느 날, 나는 암송했던 20구절의 성경말씀은 까마득하게 잊어버린 채 무심코 직장으로 가고 있었습니다. 나는 도시락을 손에 들고 걸으면서 내 자신의 일에 관해서 생각하고 있었습니다. 나는 다시 죄악의 생활로 돌아가 있었습니다. 경관에게 끌려 유치장으로 가던 날 밤에 하나님께 했던 나의 약속은 내 생활에 아무런 변화도 가져다 주지 못했습니다. 일요일 청년회 모임에 참석하는 것도 또한 내게 어떤 변화를 가져다 주지 못했습니다. 나는 예나 다름없는 건달이었습니다. 나는 월요일, 화요일, 수요일, 목요일, 금요일, 토요일 밤들은 줄곧 선술집이나 맥주 홀에서 지내다 일요일이 되면 교회에 나가곤 했습니다. 그리고는 나 스스로 이렇게 생각했습니다 : "암, 나는 좀 나아졌어. 내가 이렇게 조금이라도 나아졌다는 건 좋은 일이지."

그러나, 밀스 선생님은 계속 기도하고 계셨고 하나님의 말씀은 역사하고 있었습니다. 어느 날 아침 길을 걷고 있을 때, 갑자기 성령께서 암송했던 말씀 하나를 떠오르게 해주셨습니다. "내가 진실로 진실로 너희에게 이르노니 내 말을 듣고 또 나 보내신 이를 믿는 자는 영생을 얻었고…"(요한복음 5:24).

"영생을 얻었고"라는 말씀이 내 마음에 강하게 들어왔습니다. 나는 외쳤습니다. "오, 하나님, 영생이라니, 이게 무슨 말씀입니까!" 나는 주머니에서 신약성경을 꺼내서 그 말씀을 찾아 보았습니다. 거기엔 정말 이 말씀이 그대로 기록되어 있었습니다. "…영생을 얻었고 심판에 이르지 아니하나니 사망에서 생명으로 옮겼느니라."

나는 그 자리에서 기도했습니다. 성년에 이른 후, 경찰에 잡혀가거나 어떤 어려운 상황에 빠지지 아니한 때에 기도하기는 이번이 생전 처음이었습니다. "오, 하나님, 이것이 무엇을 의미하든 나는 영생을 갖고 싶습니다." 곧 이어서 성령께서 내 마음에 요한복음 1:12 말씀을 깨우쳐 주셨습니다. "영접하는 자 곧 그 이름을 믿는 자들에게는 하나님의 자녀가 되는 권세를 주셨으니." 나는 이 말씀을 찾아보았습니다. 내가 암송했던 말씀 바로 그대로였습니다. 나는 기도했습니다. "오, 하나님, 어쨌든 저는 지금 당장 예수님을 영접하겠습니다." 이렇게 해서 나는 거듭나게 되었습니다.

내가 거듭났다는 사실을 어떻게 알게 되었는지 아십니까? 그때까지 나는 거듭남에 관해 말하고 있는 그 다음 구절을 모르고 있었습니다. "영접하는 자 곧 그 이름을 믿는 자들에게는 하나님의 자녀가 되는 권세를 주셨으니, 이는 혈통으로나 육정으로나 사람의 뜻으로 나지 아니하고 오직 하나님께로서 난 자들이니라"(요한복음 1:12-13). 이제 한 가지 분명한 변화가 일어났습니다. 나는 더 이상 음담패설을 즐기거나 헛되이 주님의 이름을 부르지 않게 되었습니다. 화가 났을 때는 대수롭지 않게 상스러운 말을 입에 담기도 했었으나, 이제는 그러한 말들을 싫어하게 되었습니다. 하나님께 도와 달라고 간절히 기도했을 때, 성령께서 이미 암송한 20구절 가운데 한 말씀을 내 마음에 깨우쳐 주셨습니다. "만일 우리가 우리 죄를 자백하면 저는 미쁘시고 의로우사 우리 죄를 사하시며…." 이 말씀을 따라 나는 기도했습니다. "하나님, 저를 용서해 주십시오."

성경은 누구든지 자기 혀를 제어할 수 있는 사람은 자기 온 몸을 제어할 수 있는 사람이라고 가르쳐 주고 있습니다. 이것이 내가 그리스도인의 생활을 시작했을 때 처음으로 알게 된 교훈 가운데 하나였습니다. 이것은 또 내가, 갓 태어난 어린 그리스도인들에게 하나님의 말씀을 암송하라고 권장하는 이유 중의 하나입니다. 만일 내가 그 20구절을 암송하지 않았더라면 나는 다시 댄스 홀과 맥주집으로 되돌아가 버렸을 것입니다.

나는 주님을 영접한 후, 곧 말씀을 암송하기 시작해서 첫 3년 동안에는 매일 한 구절씩 암송했습니다. 이렇게 해서 그 첫 3년 동안에 나는 1,000구절의 말씀을 암송했습니다.

다른 사람들을 주님께 인도하는 일에 관해서 도움을 받기 위해 담임 목사님을 찾아갔을 때 그는 이렇게 말씀해 주셨습니다 : "형제여, 내가 말해 주고 싶은 것은, 곧 성경 안에는 사람들이 주님 앞에 나오지 않으려고 둘러대는 모든 핑계들에 대해 대답해 줄 수 있는 답이 있다는 것입니다." 나는 목사님의 말씀이 옳다고 믿었습니다. 나는 곧 주님께 기도하며 주님과 약속을 했습니다. "하나님, 모든 사람들의 핑계에 대한 대답이 있다면, 저는 결코 같은 핑계에 두 번 다시 걸려 넘어지지 않겠습니다."

이것은 비록 조그만 약속이었지만 내 생애의 진로를 바꾸어 놓게 되었습니다. 사실 사람들이 대는 핑계거리는 이루 헤아릴 수 없이 많았습니다. 이 약속은 네비게이토 선교회의 사역이 시작되고 성장하게 된 씨앗이 되었습니다.

새로운 선교의 시작

어느 날 저녁 스펜서라는 한 해군 병사와 함께 자동차 안에 앉아 있는데 한 경관이 다가와서 자동차 문을 열었습니다. 나는 내 성경을 들어 올렸습니다. 그는 이 성경과 해군 병사와 나를 번갈아 보며 이해가 잘 안 간다는 듯한 표정으로 질문을 던졌습니다.

"성경말씀을 믿으십니까?"

"예."

"나도 예전엔 믿었습니다만."

나는 스펜서를 쳐다보았습니다. 이때 우리는 처음으로 함께 저녁을 보내고 있는 중이었습니다. 그는 내가 이 경관에게 무슨 말이라도 해주기를 바라는 것처럼 나를 바라보았습니다. 그래서 우리 세 사람은 함께 차 안에 앉아서 이야기를 나누게 되었습니다.

이 경관은 대략 여섯 가지의 핑계거리를 가지고 있었습니다. 이런 정도의 핑계거리들은 누구에게나 있을 것입니다. 해군 병사는 이 사람의 모든 변명이 인간의 논리가 아닌 하나님의 말씀에 부딪혀 부서지는 것을 보았습니다. 이 경관은 그날 밤에 주님을 영접하지는 않았습니다. 집으로 돌아오는 길에 스펜서는 "형제님, 만일 내가 오늘 밤 당신이 하신 일과 같은 일을 배울 수 있다면, 어떤 희생이라도 다 치르겠습니다."

나는 "아닐세, 자넨 그렇게 할 순 없을 걸세"라고 대꾸했습니다.

"아닙니다. 할 수 있습니다."

차 안에는 우리 두 사람 외에는 아무도 없었습니다.

나는 다시 "아니네, 자넨 그렇게 할 수 없을 거야"라고 말했습니다.

"전 분명히 할 수 있을 겁니다"라고 그는 힘주어 대답했습니다.

그의 결의에 찬 얼굴로 보건대, 그의 말은 진심이라고 여겨졌습니다.

"여보게, 자네는 오늘 밤 내가 한 일을 할 수 있어. 하지만, 그건 대단한 각오를 필요로 하는 일이네. 그것은 '나는 …하겠다'라고 말하는 걸 뜻한다네."

그러자 그는 이내, "나는 하겠습니다"라고 대답했습니다.

그로부터 석 달 동안을 나는 이 젊은이와 함께 시간을 보내면서 그에게 하나님의 말씀을 어떻게 연구하며, 어떻게 그것을 마음속에 간직하며, 자신의 삶에 적용하고, 다른 사람들과 그것을 나눌 수 있는가에 대해서 가르쳤습니다. 얼마 되지 않아 그는 한 사람을 만나서 같은 내용을 그에게 가르치기 시작했습니다. 이

것이 네비게이토 선교회의 시작이었습니다.

내가 왜 스펜서에게, "아닐세, 자넨 할 수 없을 걸세"라고 두 번씩이나 말했겠습니까? 그 까닭은 수양회에 참석했을 때는 마음이 잔뜩 부풀었다가 얼마 되지도 않아서 다시 옛날의 자기로 되돌아가 덤덤해지고 마는 그리스도인들을 너무나 많이 보아 왔기 때문입니다. 수양회에서 경건한 삶에 관한 하나님의 말씀을 들었다고 해봅시다. 수양회가 끝난 첫째 주간은 매일 아침 일찍 일어나서 주님과 교제하는 시간을 갖습니다. 둘째 주간에는 다만 하루만 빠뜨립니다. 셋째 주간에는 단지 사흘만 빠뜨립니다. 넷째 주간이 되면 닷새, 이렇게 해서 일곱째 주간이 되면 그들은 주님과 교제하는 시간을 전혀 갖지 않게 되어 버리고 맙니다.

하나님은 다윗이 자기의 마음에 합한 자라고 말씀하셨습니다. 시편에 보면 다윗은, "내가 주의 성전을 향하여 경배하며(경배하겠으며)"(시편 138:2)라고 말했습니다. 그는 사실, "나는 …하겠으며"라는 말을 하나님 앞에 수십 번도 더했습니다. 하나님께 대하여 "나는 …하겠습니다"라는 반응을 보이는 사람들을 하나님께서 찾으십니다. 스펜서는 이런 종류의 사람이었습니다.

사람들은 하나님께 "나는 …하겠습니다"라고 말하지 못하는 데 대한 수많은 핑계거리들을 가지고 있습니다. 능력이 없다느니, 똑똑하지 못하다느니, 재주가 없다고 핑계를 대기도 합니다. 그러나 하나님께서는 그들이 가진 보잘것없는 방법으로 그의 일을 하기를 원하지 않으십니다. "내게 능력 주시는 자 안에서 내가 모든 것을 할 수 있느니라"(빌립보서 4:13).

자기가 가진 지혜와 재능을 의지해서 하나님을 위하여 어떤 일을 해낸 사람을 나는 아직까지 본 적이 없습니다. 성실하게 하나님을 의뢰하는 사람만이 그런 일을 해낼 수 있는 것입니다. 그는 결심한 바를 굽히지 않으며 하나님이 자기보다 훨씬 크신 분이라는 것을 잘 알고 있

습니다. 그런 사람은 하나님께서 그를 위하여 또 그를 통하여 하겠다고 약속하신 모든 것은 반드시 이루실 것을 믿고 그렇게 하시도록 자신을 드려 순종하는 사람입니다.

얼마 전에 영국을 다녀왔는데, 그곳에 있을 때 스튜와트라는 사람과 함께 시간을 보낸 적이 있습니다. 이 사람은 장님인데다가 또 다리를 절었습니다. 그는 헤링게이에서 빌리 그래함 전도 대회 때 주님을 믿고 새롭게 결심한 바가 있었습니다. 그래서 그가 했던 일이 무엇인지 아십니까? 그는 지하철을 타고 다니며 사람들에게 하나님의 말씀을 전했습니다. 어떻게 그가 그런 일을 다 할 수 있었느냐구요? 그가 차에 올라 자리에 앉을 때에는 장님인데다 다리를 절었기 때문에 사람들은 그를 부축해 주었습니다. 그러면 그는 자기 성경책을 그를 도와 준 사람들에게 내밀면서, "제게 요한복음 3장을 좀 읽어 주시겠습니까?"라고 부탁하든지, 또는 그가 암송한 구절을 건네주면서, "제가 이 구절을 맞게 암송하는지 좀 봐주시겠습니까?" 하고 요청합니다. 하나님은 자신에게 굴복한 사람의 핸디캡까지도 들어 쓰실 수 있는 분이십니다.

브라질의 캄피나스에 있을 때, 나는 몇몇 선교사들과 함께 대화를 나눈 적이 있었습니다. 나는 그들에게 내가 1946년과 1947년에 미국 전역을 두루 다니며 사람들에게 말씀을 전했던 것에 대해 나누게 되었습니다. 그 2년 동안 나는 신학교와 성경학교에서 말씀을 전했으며, 교회의 청년회와 주일학교 및 예배 시간에 말씀을 전했던 것입니다. 그런데, 말씀을 전한 후에는 서너 명 정도가 나를 찾아와 이렇게 말하곤 하는 것이었습니다. "도슨 형제님, 저는 정말로 당신을 만나고 싶었답니다. 저는 네비게이토 선교회를 통해서 주님께로 나아올 수 있었거든요."

내가 말을 마치자 곧 두 사람의 선교사가 내게 와서 말했습니다. "도슨 씨, 만나 뵙고 싶었습니다. 저도 네비게이토 선교회를 통해서 그리스도를 알게 되었답니다."

"저도 그렇답니다."

주일학교 암송 대회에서 20개의 성경구절을 암송했을 때, 나는 나 자신이 예수 그리스도를 알고 완전히 새로운 삶을 살게 되리라고는 전혀 생각하지 못했으며, 더구나 나를 통해서 다른 사람이 또 주님께 사로잡혀서 자기의 전생애를 바쳐 헌신하리라고는 꿈에도 생각지 못했습니다. 그 당시에는 고작 비그리스도인들이 대는 핑계들에 대한 대답을 발견하려고 암송하는 정도였습니다. 내가 하나님께로부터 받은 것을 다른 사람들에게 가르치고, 그들이 또 다른 사람들에게 그것을 전할 때, 미국 전역에 있는 모든 사람들에게 그리스도의 말씀이 전파될 수 있게 된 것입니다. 그렇게 되었을 때 이 사람들은 그들의 삶을 하나님을 섬기는 데 드리게 되었고, 그들 가운데서 이처럼 해외에 선교사로 파송되는 사람들까지 생기게 된 것입니다.

당신은 예수 그리스도가 당신의 구세주라는 사실을 알고 있습니까? 당신은 그에게 순종하고 있습니까? 당신은 그의 말씀을 당신의 마음 판에 새기고 있습니까? 당신은 당신 속에 있는 소망에 관한 이유를 묻는 자들에게 대답할 것을 항상 예비하되 온유와 두려움으로 하고 있습니까? 하나님은 크시며 참으로 놀라운 일을 하신다는 사실을 알고 하나님에게 나아가 기꺼이 당신 자신을 그분께 드리겠다고 말씀드리십시오.

단원 12

성경암송을 통하여 주님께로 돌아오다에 관한 토의

1. 성경암송에 대한 충분한 동기를 가지고 있으면 성경암송을 성공적으로 할 수 있을 것입니다. 본문을 읽고 성경암송이 주는 유익을 3가지 이상 찾아보시오.

    (1)

    (2)

    (3)

2. 본문을 읽고, 예수님에 대해 관심이 있는 사람이나 처음 믿은 사람에게 성경암송을 권하는 것이 왜 유익한지 그 이유를 적어 보시오.

3. 당신이 성경암송을 성공적으로 해나가는 데 방해가 되었던 태도와 주위 영향들을 한두 가지 기록하고 그 해결책을 적어 보시오.

그리스도인의 생활 연구 제1권
그리스도 안에 있는 새생명

세계 인구의 3분의 1은 굶주린 채 잠자리에 들어갑니다. 그러나 더욱 불행한 것은 영적으로 굶주린 채 살아가는 사람들 중의 하나가 되는 것입니다. 수십 세기 이전에 쓰여진 성경말씀은 지금도 여전히 변함 없는 진리입니다. "사람이 떡으로만 살 것이 아니요, 하나님의 입으로 나오는 모든 말씀으로 살 것이라"(마태복음 4:4).

오직 하나님의 말씀만이 영적 굶주림을 채울 수 있다는 것을 인식하기 때문에 더욱더 많은 사람들이 중요한 성경 연구로 돌아오고 있습니다. 새로이 예수님을 믿기로 결심한 사람에게나 또는 그리스도를 여러 해 동안 알아 온 이에게도 영적인 건강과 성장을 위해서는 하나님께서 예비하신 양식이 필요합니다.

그리스도인의 생활 연구는 새로운 것이며 다음과 같은 면에서 여러분 각자를 돕기 위해 세심한 주의 가운데 완성된 것입니다.
- 하나님의 말씀을 개인적으로 연구하기 위한 프로그램을 세우는 일
- 원만한 그리스도인의 생활을 위하여 중요한 내용을 배우며 실천하는 일
- 당신이 스스로 계획을 세워 성경 연구를 계속할 수 있도록 자라게 하는 일

본 성경공부의 과정으로부터 충분한 유익을 얻기 위해서, 당신은 제1권, 제2권, 제3권, 그리고 이같이 계속해서 연구하는 것이 중요합니다. 본 성경 연구 시리즈는 당신이 성경공부를 계속해 나가도록 순서적으로 된 것이므로 도중에 한 권이라도 빠뜨려서는 안 됩니다.

여러분이 본 성경공부를 시작하는 데는 신구약전서나 신약 한 권만으로도 충분합니다. 각 질문에는 성경말씀의 장절들을 기록해 놓았습니다. 그 성경말씀을 깊이 생각한 후에 여러분 자신의 말로 대답을 쓰십시오. 성경 장절은 다음과 같은 방법으로 기록되어 있습니다. 계 3:20은 요한계시록 3장 20절을 의미합니다.

매일매일 공부하는 것이 제일 좋습니다. 하루에 셋 또는 네 개의 질문에 대답함으로써 여러분은 매주마다 한 과를 끝낼 수 있습니다.

기도하는 것을 잊지 마십시오. 여러분이 다음과 같은 과들을 공부해 나갈 때 이해할 수 있도록 주님께 간구하십시오.

- 예수 그리스도는 누구십니까?
- 예수 그리스도께서 하신 일
- 그리스도 안에 있는 영생

신약성경의 각 책과 그 약칭

예수 그리스도의 생애

마태복음 ············· 마
마가복음 ············· 막
누가복음 ············· 눅
요한복음 ············· 요

교회의 시작에 관한 역사

사도행전 ············· 행

사도 바울이 쓴 서신들

로마서 ··············· 롬
고린도전서 ········· 고전
고린도후서 ········· 고후
갈라디아서 ········· 갈
에베소서 ············· 엡
빌립보서 ············· 빌
골로새서 ············· 골
데살로니가전서 ··· 살전
데살로니가후서 ··· 살후
디모데전서 ········· 딤전
디모데후서 ········· 딤후
디도서 ··············· 딛
빌레몬서 ············· 몬

일반 서신들

히브리서 ············· 히
야고보서 ············· 약
베드로전서 ········· 벧전
베드로후서 ········· 벧후
요한일서 ············· 요일
요한이서 ············· 요이
요한삼서 ············· 요삼
유다서 ··············· 유

예언서

요한계시록 ········· 계

제 1 과

예수 그리스도는 누구십니까?

우리가 어떤 사람에게 소개를 받을 때 "그는 누구인가?" 또 "무엇을 하는 사람인가?" 하는 두 가지 질문이 종종 마음속에 생깁니다. 이와 똑같은 질문들은 우리가 예수 그리스도를 배우려고 성경을 연구할 때도 생깁니다.

예수님 자신도 한번 그의 제자들에게 "사람들이 나를 누구라 하느냐?"고 물어 보셨습니다. 제자들이 몇 가지 잘못된 의견들을 나열하자 예수님께서는 제자들을 돌아보시면서 그들에게 질문을 하셨습니다. "너희는 나를 누구라 하느냐?"

이 질문은 그 당시에도 중요한 질문이었으며 오늘날도 아주 중요한 질문이 됩니다. 이 대답은 곧 그리스도인의 신앙에 있어 기초가 되는 것이며 본 성경 연구를 하는 이유도 됩니다.

먼저 우리는 "그가 누구시냐?" 하는 질문을 생각해 보고 제2과에서는 "그가 무엇을 하셨나?" 하는 것을 공부할 것입니다.

예수님의 인성

1. 갈라디아서 4 : 4은 하나님의 아들이신 예수 그리스도의 탄생에 대하여 어떻게 기록하고 있습니까?

   예 : 하나님께서 그를 보내셨고 사람에게서 태어나셨다.

2. 예수님은 어디서 탄생하셨습니까? (마 2 : 1)

   (유대는 예루살렘을 둘러싸고 있는 지역입니다.)

   예수님의 탄생에 대한 자세한 이야기는 마태복음 1 : 18 - 2 : 12과 누가복음 1 : 26 - 2 : 20에 기록되어 있습니다.

3. 예수님의 어린 시절은 다른 아이들의 어린 시절과 어떤 점이 같았습니까? (눅 2 : 52)

4. 광야에서 금식하신 후 예수님의 상태는 어떠했습니까? (마 4:2)

5. 예수님이 사람이심을 요한복음 4:6은 어떻게 보여 주고 있습니까?

6. 하루를 고되게 가르치신 후에 예수님께서는 무엇을 하셨습니까? (막 4:38)

7. 슬픔에 젖은 사람들에게 예수님께서는 자기의 슬픔을 어떻게 보여 주셨습니까?
   (요 11:35)

> "예수 그리스도는 이 세상에서 사셨습니다. 신성한 그 발자취는 결코 지워지지 않을 것입니다. 그리고 그 신성한 발자취는 곧 사람의 발자취였습니다. 천사도 아니요, 육신과 분리된 영도 아니며, 추상적인 이상도 아닌 오직 사람이신 예수 그리스도였습니다."
> ―피터 베인

사람이지만 죄는 없으심

8. 예수 그리스도는 모든 사람들과 똑같이 시험을 받으셨지만 어떤 점이 우리와 다르십니까?
   (히 4:15)

9. 요한복음 8:46에서 예수님께서는 _____
   _____ 고 유대인들에게 도전하셨습니다.

예수님의 신성

어떤 사람들은 예수 그리스도를 한 위대한 사람이라고 말하고, 어떤 사람들에게는 새로운 종교의 창시자로 알려졌으며, 또 어떤 이들은 예언자라고 생각합니다. 그러나 예수님 자신은 자기가 하나님이라고 주장하셨습니다. 만약 이것이 사실이 아니라면 예수님은 선한 사람이라고 불리어질 수도 없을 것이며 오히려 사기꾼이나 거짓말쟁이일 것입니다.

이사야 선지자는 예수 그리스도의 탄생을 탄생 750년 전에 이미 예언하여 기록하기를 "그 이름은 기묘자라, 모사라, 전능하신 하나님이라, 영존하시는 아버지라, 평강의 왕이라 할 것임이라"(사 9 : 6)고 했습니다.

10. 히브리서 1 : 8에서 하나님 아버지께서 자기의 아들 예수 그리스도에 대하여 말씀하실 때 예수님을 어떻게 부르셨습니까?

_____

11. 요한복음 5 : 23에서 그리스도는 자신이 _____ 과 똑같은 공경을 받으실 분이라고 우리들에게 가르쳐 주십니다.

12. 제자들이 바다와 바람을 순종케 하신 예수님의 능력을 본 후(마 14 : 22-33) 그들은 무엇을 했습니까? (33절)

_____

_____

13. 도마는 예수님이 어떤 분이라고 고백했습니까? (요 20 : 28)

_____

> "만일 소크라테스가 방에 들어온다면 우리는 모두 일어나 경의를 표할 것이지만, 만약 예수 그리스도께서 방 안에 들어오신다면 우리들은 꿇어 엎드려 예수님께 경배할 것입니다."

골로새서 1 : 15-20과 히브리서 1장에서 예수 그리스도의 신성에 대하여 더 공부하십시오.

하나님으로서의 속성

예수 그리스도는 많은 명칭을 가지고 계십니다. 즉 하나님의 아들, 인자, 구세주, 주님, 주인, 선생, 메시아, 그리고 그 외의 명칭들. 요한복음에 있는 그리스도에 대한 명칭은 그가 사람에게 대한 하나님의 산 메시지이기 때문에 "말씀"이라고 했습니다.

14. 말씀(예수 그리스도)은 얼마나 오래 전부터 존재해 오셨습니까? (요 1 : 1. 요 1 : 14,17과 비교하십시오.)

_____

15. 마태복음 28:18에서 예수님께서는 자기가 _____ 를 받았다고 말씀하십니다.

16. 예수님께서는 다음 것들을 복종시키는 능력을 보여 주셨습니다.

    (1) 마 8:23-27 _____

    (2) 눅 4:40 _____

    (3) 눅 4:33-36 _____

    (4) 요 11:43-44 _____

17. 마가복음 2:3-12에서 예수님께서 중풍병자를 고치시는 자기의 능력을 나타내시며 또한 _____ 권세를 주장하십니다.

18. 그리스도가 오신 이유 중의 하나는 _____ _____ 입니다. (요 10:10)

19. 예수님께서는 _____ 에게 생명을 주시는 권세를 가지고 계십니다. (요 5:21)

20. 사람들이 이 생명을 받지 못하는 이유는 무엇입니까? (요 5:40)

_____

이 구절에서 예수님께서는 단순히 육체적인 생명만이 아니고 영원한 생명(하나님과 교제하는 생명)을 말씀하십니다. 여러분은 제3과와, 제2권에서 이것에 대해 더 배우게 될 것입니다.

21. 본 과에 있는 여러 가지 질문들과 여러분의 대답들을 주의 깊게 복습하십시오. 당신의 연구를 통해서 예수 그리스도가 누구신지에 대해서 새롭게 배운 바가 무엇입니까?

_____
_____
_____
_____
_____

제 2 과

예수 그리스도께서 하신 일

예수님께서는 무엇을 하셨습니까? 예수님께서는 병자를 고치시고, 죽은 자를 살리시고, 굶주린 군중을 먹이셨으며, 사회의 버림받은 자와 죄인들에게 친구가 되셨습니다. 그의 입술로부터는 그 말씀을 듣는 자를 놀라게 하는 지혜와 능력의 말씀이 흘러 나오곤 했습니다. 그는 자기를 아는 모든 사람에게 본이 되고 경책이 되는 죄 없는 삶을 사셨습니다. 그리고 그는 자기의 원수들에 의해 일반 죄수의 죽음과 같은 죽임을 당하는 것을 허락하셨습니다. 예수님의 생활과 가르침도 중요한 것이지만 그가 세상에 오신 가장 위대한 목적은 죽으심과 부활하심과 승천하심이었으며 이것이 본 과의 주제입니다.

예수님은 우리 죄를 위해 죽으심

1. 천사는 예수님의 탄생을 알리면서, 예수님께서 세상에 오시는 이유가 무엇이라고 했습니까? (마 1 : 21)

   _____

2. 예수님은 자기가 예루살렘에 가야만 될 것과 종교 지도자들에게 _____ 받고 _____ 당하고 제삼일에 _____ 할 것을 제자들에게 가르치셨습니다. (마 16 : 21)

3. 예수님께서는 어떤 종류의 죽음을 당하셨습니까? (마 27 : 35)

   _____

   그리고 어떤 사람들과 함께 죽으셨습니까? (마 27 : 38)

   _____

   예수 그리스도의 고난과 죽으심에 관한 기사들이 누가복음 22 : 47 – 23 : 56과 요한복음 18 : 1 – 19 : 42에도 기록되어 있습니다.

4. 하나님께서는 모든 사람에 대해 어떻게 말씀하셨습니까? (롬 3:23)
   _____

5. 예수 그리스도께서는 하나님의 사랑을 어떻게 나타내셨습니까? (롬 5:8)
   _____
   _____

6. 이사야 선지자의 예언에 의하면 그리스도가 왜 고난을 받으셨습니까? (사 53:5)
   _____
   _____

7. 이사야 53:6에서,
   (1) 죄 있는 인간의 태도를 어떻게 묘사했습니까?
   _____

   (2) 우리 죄에 대해 무슨 일이 일어났습니까?
   _____

8. 베드로전서 2:24에 의하면,
   (1) 그리스도께서는 십자가에서 무엇을 하셨습니까?
   _____
   _____

   (2) 지금 우리는 어떻게 살아야 합니까?
   _____
   _____

죄는 불화를 낳지만 **그리스도는 평화를 가져오시고**,

죄는 하나님과 인간 사이에 간격을 만들지만 **그리스도는 거기에 다리를 놓으시고**,

죄는 교제를 끊어 놓지만 **그리스도는 교제를 회복시키신다.**

9. 하나님께서는 그리스도의 죽음을 통해서 사람과 새로운 관계를 맺으셨습니다. 히브리서 10 : 17에서 사람들의 죄에 대해서 하나님께서 지금 무엇을 하겠다고 말씀하십니까? (맞는 답에 밑줄을 치십시오.)
   (1) 형벌을 주는 것을 미루심
   (2) 죄를 완전히 기억치 않으심
   (3) 인간의 약점으로써 죄를 간과하심
   (4) 이제는 사람들에게 그의 용서를 얻도록 해주심

> **놀라운 사랑**
>
> "구주의 보혈로 내가 생명을 얻다니 놀라운 일 아닌가?
> 나 때문에 고통 속에 죽으시고 날 구하셨네.
> 날 위해 죽으셨다니 놀라운 사랑 아닌가?
> 오 하나님, 주님은 나 때문에 죽으셨으니 놀라운 일 아닌가?"
> —찰스 웨슬레

부활하심

10. 예수님께서는 자기가 죽은 후에 자기에게 어떤 일이 일어날 것이라고 말씀하셨습니까? (요 2 : 19-22)

    _____

11. 예수님의 무덤에서 천사들은 여자들에게 어찌하여 _____
    찾느냐고 물었습니다.(눅 24 : 1-5)

12. 사도 바울은 예수님께서 부활하신 후에 어떤 사람들과 무리들이 예수 그리스도를 보았다고 했습니까? (고전 15 : 3-8)

    _____

    _____

13. 고린도전서 15 : 14-19에서 만약 그리스도께서 부활하시지 않았다면 최소한 두 가지 결과가 초래될 것이라고 했는데 그것이 무엇입니까?

    _____

    _____

14. 어떤 위대한 사실을 사도들은 거듭 증거했습니까?

   (1) 행 3 : 14-15 _____

   (2) 행 4 : 33 _____

15. 부활로 인하여 예수 그리스도가 어떤 분이라는 것이 입증되었습니까? (롬 1 : 4)
   _____

사람이 만든 모든 종교의 창시자들은 죽었지만, 그리스도인은 죽음을 이기고 부활하신 살아 계신 구세주를 모시고 있습니다.

예수 그리스도의 부활에 대해 좀더 자세히 알려면 마태복음 28 : 1-20, 누가복음 24 : 1-53, 요한복음 20 : 1-21 : 25을 잘 읽어 보시기 바랍니다.

> 변호사인 나는 예수 그리스도의 부활에 대한 증거들을 오랫동안 연구해 왔습니다. 내게 있어서 부활의 증거란 명확한 것입니다. 대법정에서 나는 변호사로서 결코 억지가 아닌 사실에 의한 증거로 공정한 판단을 보장해 왔습니다. 부활에 대한 복음서의 증거에 있어서도 나는 마치 진실한 사람들이 확실한 사실에 대해 증언하는 것처럼 주저 없이 받아들입니다.   —에드워드 크라크 경

승천하심

16. 사도행전 1 : 9-11을 읽으십시오. 제자들이 바라보는 가운데 예수님께 어떤 일이 일어났습니까?
   _____

17. 요한복음 14 : 2에서, 우리는 예수님께서 하늘나라에 _____ 하시려고 가신 것을 압니다.

18. 에베소서 1 : 20-23에서,
   (1) 어떤 권위 있는 위치에 예수 그리스도께서 올라가셨습니까? (20절)
   _____

   (2) 그리스도는 지금 어떤 것들 위에 뛰어나십니까? (21절)
   _____

(3) 하나님의 오른편에 앉으신 예수님께 주어진 두 가지 결과는 무엇입니까? (22절)

19. 하나님의 우편에서 그리스도는 우리를 위해 지금 무엇을 하고 계십니까? (롬 8 : 34)

예수님께서는 이 세상에 계실 때 제자들을 위해 기도하셨을 뿐만 아니라 우리를 위해서도 기도하셨습니다(요 17 : 20). 2000년 동안을 예수 그리스도는 자기를 믿는 이들을 위해 기도해 오시며 그때에 원하신 바를 지금도 원하고 계십니다.

20. 예수님께서 세상에 계실 때 하신 위대한 기도(요 17장) 가운데 자기를 따르는 자들에게 원하신 것과 요구하신 것이 무엇이었습니까?

(1) 11절 _____

(2) 13절 _____

(3) 15절 _____

(4) 17절 _____

(5) 21절 _____

(6) 24절 _____

예수 그리스도는 우리를 위해 한 처소를 준비하고 계시며 또한 그 처소를 위해 우리들을 준비하고 계십니다.

21. 본 과에 있는 질문들과 대답들을 복습하시고 또한 잠시 멈추어 이들 질문과 대답을 하나씩 생각해 보십시오. 당신이 배운 것 중에서 특별히 도움이 된 것이 있습니까? 그것이 무엇이며 어떻게 당신을 도울 수 있는가를 당신 자신의 말로 쓰십시오.

_____
_____
_____
_____
_____
_____

"이제까지 진군한 모든 육군과, 이제까지 편성되었던 모든 해군과, 이제까지 의회에 참석하였던 모든 의원들, 그리고 통치하였던 모든 왕들을 합해 놓아도 이 고독했던 생애를 사신 예수 그리스도만큼 능력 있게 이 지상에서 인간 생활에 영향을 준 분은 없습니다."

제 3 과

그리스도 안에 있는 영생

영생의 근원은 무엇입니까?

예나 지금이나 사람들은 죽은 후에 생명이 어떻게 되는가에 대해 알고 싶어해 왔습니다. 우리 각자는 짧은 생애를 마치면 영원에 직면하지 않으면 안 됩니다. 영생이란 무엇입니까? 그리고 누가 그것을 소유할 수 있습니까? 또 사람이 어떻게 그것을 확신할 수 있습니까? 성경은 우리에게 그 해답을 주고 있습니다.

1. 요한복음 14 : 6에서,
   (1) 예수님께서는 자기 자신에 대하여 무엇이라고 주장하셨습니까?
   _____
   (2) 하나님께로 가는 길이 많이 있다는 생각에 대해 예수님은 어떻게 말씀하셨습니까?
   _____

2. 사도행전 4 : 10, 12에서 사도 베드로에 의하면 누구만이 영생(구원)의 근원이 될 수 있습니까?
   _____

3. 그리스도를 믿는 자에게는 _____이 있고, 믿지 않는 자는 영생을 보지 못하고 도리어 _____ (요 3 : 36).

4. 요한복음 17 : 3에서 예수님께서는 영생에 대해 어떻게 말씀하셨습니까?
   _____

5. 예수 그리스도에 의해 새 생명을 얻지 못한 모든 사람들의 상태는 어떻습니까? (엡 2 : 1)
   _____

모든 사람이 죄를 범했기 때문에 모든 사람이 영적인 죽음과 하나님으로부터 영원히 떨어지는 죄의 값을 받게 되었습니다. 예수 그리스도로부터 영생을 얻지 못한 사람들은 현세에 하나님으로부터 떨어져 있을 뿐 아니라 영원히 떨어지게 됩니다.

6. 사도 바울이 강조해서 전한 두 가지가 있는데 그것은 무엇입니까? (행 20 : 21)

_____

_____

영생을 얻는 방법

7. 바울은 빌립보 간수에게 구원을 받으려면 무엇을 해야 한다고 말했습니까? (맞는 답에 밑줄을 치십시오.) (행 16 : 30-31)
   (1) 예수 그리스도를 섬길 것
   (2) 자기의 삶을 바르게 할 것
   (3) 주 예수 그리스도를 믿을 것
   (4) 죄수들을 괴롭히지 말 것

8. 예수님께서는 자기를 믿는 사람들에게 무엇을 약속하셨습니까? (요 11 : 25)

_____

_____

9. 우리가 그리스도를 믿을 때 받는 한 가지는 무엇입니까? (행 10 : 43)

_____

_____

10. 예수 그리스도를 믿을 때 또 얻게 되는 것은 무엇입니까? (행 26 : 18)

_____

구원을 받게 하는 믿음은 예수 그리스도에 관한 사실을 단순히 동의하는 데 그치는 것이 아니라, 죄에서 돌이키고 구원을 위해 주님께 의지하는 것입니다. 당신은 강을 건너는 다리가 안전하다는 사실을 알고 있어도 만약 당신이 그 다리를 걸어가지 않고 당신의 생명을 거기에 맡기지 않는다면 다리를 진정으로 믿고 있는 것이 아닙니다.

예수 그리스도를 개인의 구주로 믿는다는 것은 당신의 영원한 운명을 온전히 그분께 맡기는 것을 의미합니다. 당신이 그렇게 할 때 하나님의 용서를 받게 되며 모든 죄에 대한 형벌에서 구원을 받으며 영생을 얻게 됩니다.

11. 요한복음 1 : 12-13에서 예수님의 이름을 믿는다는 것은

   (1) 곧 그리스도를 _____ 과 같으며,

   (2) 그 결과 _____ 로 태어나게 됩니다.

12. 요한일서 5 : 11-12에 의하면 어떤 사람이 영생을 가지고 있습니까?

   _____

   (1) 당신은 영생을 얻었습니까?

   _____

   (2) 만일 영생을 얻었다면 그것을 어떻게 아십니까?

   _____

> **무엇을 해야만 될까?**
>
> 어떤 이는 수양으로 된다고 생각하나
> 하나님은 속죄로 된다고 말씀하신다.
> 어떤 이는 인격으로 된다고 외치나
> 하나님은 십자가로 된다고 말씀하신다.
> 어떤 이는 용기를 가져야 된다고 하나
> 하나님은 그리스도로 된다고 말씀하신다.
> 어떤 이는 노력을 주장하나
> 하나님은 믿고 의지함으로 된다고 말씀하신다.

13. 하나님께서 우리가 선행으로 구원을 얻을 수 없도록 하신 이유는 무엇입니까?
    (엡 2 : 8-9)

    _____

영생을 소유한 것을 우리가 알 수 있습니까?

어떤 이는 알 수 없다고 생각합니다. 또 어떤 이들은 오직 특정한 사람들만이 안다고 생각하고 있고, 어떤 이들은 하늘나라에 가보아야만 안다고 말합니다. 사탄은 우리가 구원을 확신하지 못하는 가운데 있기를 좋아합니다. 그러나 하나님은 자기의 말씀을 통해 분명한 구원의 확신을 주십니다.

14. 사도 요한이 그의 첫 서신을 쓰는 목적은 무엇이었습니까? (요일 5 : 13)
    _____
    _____

15. 요한복음 3 : 18에서 예수님은 무엇에 대해 말씀하십니까?

    (1) 그를 믿는 자들에게는? _____

    (2) 그를 믿지 않는 자들에게는? _____

16. 로마서 8 : 35-39에 의하면 무엇이 우리를 그리스도의 사랑에서 끊을 수 있다고 했습니까?
    (맞는 답에 밑줄을 치십시오.)
    (1) 사망   (2) 초자연적인 권세
    (3) 위험   (4) 아무것도 끊을 수 없음

17. 요한복음 10 : 27-29에 의하면 누구의 손이 믿는 사람들을 붙잡고 계십니까?
    _____

18. 그리스도의 말씀을 듣고 또 믿는 자에게 주어진 세 가지 약속은 무엇입니까? (요 5 : 24)

    (1) 현 상태 _____

    (2) 미래의 약속 _____

    (3) 과거의 변화 _____

19. 하나님께서 자기의 자녀들을 위해 약속하신 두 가지 사실은 무엇입니까? (살후 3 : 3)
    _____
    _____

20. 본 과를 공부하는 중에 어떤 구절이나 진리가 당신에게 축복이 되고 격려가 되었다면 그것은 무엇입니까? 그리고 그것에 대해 당신이 무엇을 해야만 하겠습니까?
    _____
    _____
    _____
    _____

요약

21. 요한복음 3:16은 당신이 지금 마친 제3과까지를 요약하는 구절이 되는 것으로서 성경에서 가장 잘 알려진 구절일 것입니다. 이 구절에 의하면,

    (1) 하나님은 누구를 사랑하십니까? _____

    (2) 하나님은 사랑 때문에 무엇을 하셨습니까? _____
    _____

    (3) 하나님이 자기 아들을 "주셨다"는 것은 무슨 뜻입니까? (롬 5:8 참조)
    _____

    (4) 사람이 영생을 어떻게 얻을 수 있습니까? _____
    _____

    (5) 예수 그리스도를 믿지 않는 사람들은 어떻게 됩니까? _____
    _____

성경읽기 기록 노트

다음 페이지부터는 단원 5에서 단원 12까지 공부할 동안에 기록할 수 있는 성경읽기 기록 노트와 그 여분이 있습니다. 더 필요하신 분은 기록하기 전에 성경읽기 기록 노트를 떼어서 복사하여 쓰셔도 좋습니다. (기독서점에서 경건의 일기를 구입하여 사용해도 됩니다.)

개인 성경읽기표

성경읽기 기록 노트 다음에는 두 페이지에 걸쳐 당신의 성경읽기 진도를 표시할 수 있는 성경읽기표가 있습니다. 이 페이지는 떼어서 성경에 끼워서 사용해도 됩니다. 28-29페이지의 개인 성경읽기표 사용법을 참조하십시오.(더 필요하신 분은 기독서점에서 구입하여 사용하실 수 있습니다.)

성경읽기 기록 노트

"아들들아, 이제 내게 들으라. 내 도를 지키는 자가 복이 있느니라. 훈계를 들어서 지혜를 얻으라. 그것을 버리지 말라. 누구든지 내게 들으며 날마다 내 문 곁에서 기다리며 문설주 옆에서 기다리는 자는 복이 있나니."

잠언 8 : 32-34

○ 수요일 날짜 : _____ 오늘 읽은 부분 : _____
오늘 표시해 둔 가장 감명 깊은 구절 : _____
중심 내용 : _____
_____
_____
_____
감명 깊은 내용 : _____
_____
_____
_____

○ 일요일 날짜 : _____ 오늘 읽은 부분 : _____
오늘 표시해 둔 가장 감명 깊은 구절 : _____
중심 내용 : _____
_____
_____
_____
감명 깊은 내용 : _____
_____
_____
_____

○ 목요일 날짜 : _____ 오늘 읽은 부분 : _____
오늘 표시해 둔 가장 감명 깊은 구절 : _____
중심 내용 : _____
_____
_____
_____
감명 깊은 내용 : _____
_____
_____
_____

○ 월요일 날짜 : _____ 오늘 읽은 부분 : _____
오늘 표시해 둔 가장 감명 깊은 구절 : _____
중심 내용 : _____
_____
_____
_____
감명 깊은 내용 : _____
_____
_____
_____

○ 금요일 날짜 : _____ 오늘 읽은 부분 : _____
오늘 표시해 둔 가장 감명 깊은 구절 : _____
중심 내용 : _____
_____
_____
_____
감명 깊은 내용 : _____
_____
_____
_____

○ 화요일 날짜 : _____ 오늘 읽은 부분 : _____
오늘 표시해 둔 가장 감명 깊은 구절 : _____
중심 내용 : _____
_____
_____
_____
감명 깊은 내용 : _____
_____
_____
_____

○ 토요일 날짜 : _____ 오늘 읽은 부분 : _____
오늘 표시해 둔 가장 감명 깊은 구절 : _____
중심 내용 : _____
_____
_____
_____
감명 깊은 내용 : _____
_____
_____
_____

성경읽기 기록 노트

"아들들아, 이제 내게 들으라. 내 도를 지키는 자가 복이 있느니라. 훈계를 들어서 지혜를 얻으라. 그것을 버리지 말라. 누구든지 내게 들으며 날마다 내 문 곁에서 기다리며 문설주 옆에서 기다리는 자는 복이 있나니."

잠언 8 : 32-34

◯ 일요일 날짜 : _____ 오늘 읽은 부분 : _____
오늘 표시해 둔 가장 감명 깊은 구절 : _____
중심 내용 : _____
_____
_____
_____
감명 깊은 내용 : _____
_____
_____
_____
_____

◯ 월요일 날짜 : _____ 오늘 읽은 부분 : _____
오늘 표시해 둔 가장 감명 깊은 구절 : _____
중심 내용 : _____
_____
_____
_____
감명 깊은 내용 : _____
_____
_____
_____
_____

◯ 화요일 날짜 : _____ 오늘 읽은 부분 : _____
오늘 표시해 둔 가장 감명 깊은 구절 : _____
중심 내용 : _____
_____
_____
_____
감명 깊은 내용 : _____
_____
_____
_____
_____

◯ 수요일 날짜 : _____ 오늘 읽은 부분 : _____
오늘 표시해 둔 가장 감명 깊은 구절 : _____
중심 내용 : _____
_____
_____
_____
_____
감명 깊은 내용 : _____
_____
_____
_____
_____

◯ 목요일 날짜 : _____ 오늘 읽은 부분 : _____
오늘 표시해 둔 가장 감명 깊은 구절 : _____
중심 내용 : _____
_____
_____
_____
감명 깊은 내용 : _____
_____
_____
_____
_____

◯ 금요일 날짜 : _____ 오늘 읽은 부분 : _____
오늘 표시해 둔 가장 감명 깊은 구절 : _____
중심 내용 : _____
_____
_____
_____
감명 깊은 내용 : _____
_____
_____
_____
_____

◯ 토요일 날짜 : _____ 오늘 읽은 부분 : _____
오늘 표시해 둔 가장 감명 깊은 구절 : _____
중심 내용 : _____
_____
_____
_____
감명 깊은 내용 : _____
_____
_____
_____
_____

성경읽기 기록 노트

"아들들아, 이제 내게 들으라. 내 도를 지키는 자가 복이 있느니라. 훈계를 들어서 지혜를 얻으라. 그것을 버리지 말라. 누구든지 내게 들으며 날마다 내 문 곁에서 기다리며 문설주 옆에서 기다리는 자는 복이 있나니."

잠언 8 : 32-34

○ 일요일 날짜 : _____ 오늘 읽은 부분 : _____
오늘 표시해 둔 가장 감명 깊은 구절 : _____
중심 내용 : _____
_____
_____
_____
감명 깊은 내용 : _____
_____
_____
_____
_____

○ 월요일 날짜 : _____ 오늘 읽은 부분 : _____
오늘 표시해 둔 가장 감명 깊은 구절 : _____
중심 내용 : _____
_____
_____
_____
감명 깊은 내용 : _____
_____
_____
_____
_____

○ 화요일 날짜 : _____ 오늘 읽은 부분 : _____
오늘 표시해 둔 가장 감명 깊은 구절 : _____
중심 내용 : _____
_____
_____
감명 깊은 내용 : _____
_____
_____
_____
_____

○ 수요일 날짜 : _____ 오늘 읽은 부분 : _____
오늘 표시해 둔 가장 감명 깊은 구절 : _____
중심 내용 : _____
_____
_____
_____
감명 깊은 내용 : _____
_____
_____
_____
_____

○ 목요일 날짜 : _____ 오늘 읽은 부분 : _____
오늘 표시해 둔 가장 감명 깊은 구절 : _____
중심 내용 : _____
_____
_____
감명 깊은 내용 : _____
_____
_____
_____
_____

○ 금요일 날짜 : _____ 오늘 읽은 부분 : _____
오늘 표시해 둔 가장 감명 깊은 구절 : _____
중심 내용 : _____
_____
_____
_____
감명 깊은 내용 : _____
_____
_____
_____
_____

○ 토요일 날짜 : _____ 오늘 읽은 부분 : _____
오늘 표시해 둔 가장 감명 깊은 구절 : _____
중심 내용 : _____
_____
_____
감명 깊은 내용 : _____
_____
_____
_____
_____

성경읽기 기록 노트

"아들들아, 이제 내게 들으라. 내 도를 지키는 자가 복이 있느니라. 훈계를 들어서 지혜를 얻으라. 그것을 버리지 말라. 누구든지 내게 들으며 날마다 내 문 곁에서 기다리며 문설주 옆에서 기다리는 자는 복이 있나니."

잠언 8 : 32-34

○ 일요일 날짜 : _____ 오늘 읽은 부분 : _____
오늘 표시해 둔 가장 감명 깊은 구절 : _____
중심 내용 : _____
_____
_____
_____
감명 깊은 내용 : _____
_____
_____
_____
_____
_____

○ 월요일 날짜 : _____ 오늘 읽은 부분 : _____
오늘 표시해 둔 가장 감명 깊은 구절 : _____
중심 내용 : _____
_____
_____
_____
감명 깊은 내용 : _____
_____
_____
_____
_____
_____

○ 화요일 날짜 : _____ 오늘 읽은 부분 : _____
오늘 표시해 둔 가장 감명 깊은 구절 : _____
중심 내용 : _____
_____
_____
_____
감명 깊은 내용 : _____
_____
_____
_____
_____
_____

○ 수요일 날짜 : _____ 오늘 읽은 부분 : _____
오늘 표시해 둔 가장 감명 깊은 구절 : _____
중심 내용 : _____
_____
_____
_____
감명 깊은 내용 : _____
_____
_____
_____
_____
_____

○ 목요일 날짜 : _____ 오늘 읽은 부분 : _____
오늘 표시해 둔 가장 감명 깊은 구절 : _____
중심 내용 : _____
_____
_____
_____
감명 깊은 내용 : _____
_____
_____
_____
_____
_____

○ 금요일 날짜 : _____ 오늘 읽은 부분 : _____
오늘 표시해 둔 가장 감명 깊은 구절 : _____
중심 내용 : _____
_____
_____
_____
감명 깊은 내용 : _____
_____
_____
_____
_____
_____

○ 토요일 날짜 : _____ 오늘 읽은 부분 : _____
오늘 표시해 둔 가장 감명 깊은 구절 : _____
중심 내용 : _____
_____
_____
_____
감명 깊은 내용 : _____
_____
_____
_____
_____
_____

성경읽기 기록 노트

"아들들아, 이제 내게 들으라. 내 도를 지키는 자가 복이 있느니라. 훈계를 들어서 지혜를 얻으라. 그것을 버리지 말라. 누구든지 내게 들으며 날마다 내 문 곁에서 기다리며 문설주 옆에서 기다리는 자는 복이 있나니."

잠언 8 : 32-34

○ 일요일 날짜 : _____ 오늘 읽은 부분 : _____
오늘 표시해 둔 가장 감명 깊은 구절 : _____
중심 내용 : _____
_____
_____
_____

감명 깊은 내용 : _____
_____
_____
_____
_____

○ 월요일 날짜 : _____ 오늘 읽은 부분 : _____
오늘 표시해 둔 가장 감명 깊은 구절 : _____
중심 내용 : _____
_____
_____
_____

감명 깊은 내용 : _____
_____
_____
_____
_____

○ 화요일 날짜 : _____ 오늘 읽은 부분 : _____
오늘 표시해 둔 가장 감명 깊은 구절 : _____
중심 내용 : _____
_____
_____
_____

감명 깊은 내용 : _____
_____
_____
_____
_____

○ 수요일 날짜 : _____ 오늘 읽은 부분 : _____
오늘 표시해 둔 가장 감명 깊은 구절 : _____
중심 내용 : _____
_____
_____
_____

감명 깊은 내용 : _____
_____
_____
_____
_____

○ 목요일 날짜 : _____ 오늘 읽은 부분 : _____
오늘 표시해 둔 가장 감명 깊은 구절 : _____
중심 내용 : _____
_____
_____
_____

감명 깊은 내용 : _____
_____
_____
_____
_____

○ 금요일 날짜 : _____ 오늘 읽은 부분 : _____
오늘 표시해 둔 가장 감명 깊은 구절 : _____
중심 내용 : _____
_____
_____
_____

감명 깊은 내용 : _____
_____
_____
_____
_____

○ 토요일 날짜 : _____ 오늘 읽은 부분 : _____
오늘 표시해 둔 가장 감명 깊은 구절 : _____
중심 내용 : _____
_____
_____
_____

감명 깊은 내용 : _____
_____
_____
_____
_____

성경읽기 기록 노트

"아들들아, 이제 내게 들으라. 내 도를 지키는 자가 복이 있느니라. 훈계를 들어서 지혜를 얻으라. 그것을 버리지 말라. 누구든지 내게 들으며 날마다 내 문 곁에서 기다리며 문설주 옆에서 기다리는 자는 복이 있나니."

잠언 8 : 32-34

○ 일요일 날짜 : _____ 오늘 읽은 부분 : _____
오늘 표시해 둔 가장 감명 깊은 구절 : _____
중심 내용 : _____
_____
_____
_____
감명 깊은 내용 : _____
_____
_____
_____
_____

○ 월요일 날짜 : _____ 오늘 읽은 부분 : _____
오늘 표시해 둔 가장 감명 깊은 구절 : _____
중심 내용 : _____
_____
_____
_____
감명 깊은 내용 : _____
_____
_____
_____
_____

○ 화요일 날짜 : _____ 오늘 읽은 부분 : _____
오늘 표시해 둔 가장 감명 깊은 구절 : _____
중심 내용 : _____
_____
_____
_____
감명 깊은 내용 : _____
_____
_____
_____
_____

○ 수요일 날짜 : _____ 오늘 읽은 부분 : _____
오늘 표시해 둔 가장 감명 깊은 구절 : _____
중심 내용 : _____
_____
_____
_____
감명 깊은 내용 : _____
_____
_____
_____
_____

○ 목요일 날짜 : _____ 오늘 읽은 부분 : _____
오늘 표시해 둔 가장 감명 깊은 구절 : _____
중심 내용 : _____
_____
_____
_____
감명 깊은 내용 : _____
_____
_____
_____
_____

○ 금요일 날짜 : _____ 오늘 읽은 부분 : _____
오늘 표시해 둔 가장 감명 깊은 구절 : _____
중심 내용 : _____
_____
_____
_____
감명 깊은 내용 : _____
_____
_____
_____
_____

○ 토요일 날짜 : _____ 오늘 읽은 부분 : _____
오늘 표시해 둔 가장 감명 깊은 구절 : _____
중심 내용 : _____
_____
_____
_____
감명 깊은 내용 : _____
_____
_____
_____
_____

성경읽기 기록 노트

"아들들아, 이제 내게 들으라. 내 도를 지키는 자가 복이 있느니라. 훈계를 들어서 지혜를 얻으라. 그것을 버리지 말라. 누구든지 내게 들으며 날마다 내 문 곁에서 기다리며 문설주 옆에서 기다리는 자는 복이 있나니."

잠언 8 : 32-34

○ 일요일 날짜 : _____ 오늘 읽은 부분 : _____
오늘 표시해 둔 가장 감명 깊은 구절 : _____
중심 내용 : _____
_____
_____
감명 깊은 내용 : _____
_____
_____
_____

○ 월요일 날짜 : _____ 오늘 읽은 부분 : _____
오늘 표시해 둔 가장 감명 깊은 구절 : _____
중심 내용 : _____
_____
_____
감명 깊은 내용 : _____
_____
_____
_____

○ 화요일 날짜 : _____ 오늘 읽은 부분 : _____
오늘 표시해 둔 가장 감명 깊은 구절 : _____
중심 내용 : _____
_____
_____
감명 깊은 내용 : _____
_____
_____
_____

○ 수요일 날짜 : _____ 오늘 읽은 부분 : _____
오늘 표시해 둔 가장 감명 깊은 구절 : _____
중심 내용 : _____
_____
_____
_____
감명 깊은 내용 : _____
_____
_____
_____

○ 목요일 날짜 : _____ 오늘 읽은 부분 : _____
오늘 표시해 둔 가장 감명 깊은 구절 : _____
중심 내용 : _____
_____
_____
감명 깊은 내용 : _____
_____
_____
_____

○ 금요일 날짜 : _____ 오늘 읽은 부분 : _____
오늘 표시해 둔 가장 감명 깊은 구절 : _____
중심 내용 : _____
_____
_____
감명 깊은 내용 : _____
_____
_____
_____

○ 토요일 날짜 : _____ 오늘 읽은 부분 : _____
오늘 표시해 둔 가장 감명 깊은 구절 : _____
중심 내용 : _____
_____
_____
감명 깊은 내용 : _____
_____
_____
_____

성경읽기 기록 노트

"아들들아, 이제 내게 들으라. 내 도를 지키는 자가 복이 있느니라. 훈계를 들어서 지혜를 얻으라. 그것을 버리지 말라. 누구든지 내게 들으며 날마다 내 문 곁에서 기다리며 문설주 옆에서 기다리는 자는 복이 있나니."

잠언 8 : 32-34

○ 일요일 날짜 : _____ 오늘 읽은 부분 : _____
오늘 표시해 둔 가장 감명 깊은 구절 : _____
중심 내용 : _____
_____
_____
_____
감명 깊은 내용 : _____
_____
_____
_____
_____

○ 월요일 날짜 : _____ 오늘 읽은 부분 : _____
오늘 표시해 둔 가장 감명 깊은 구절 : _____
중심 내용 : _____
_____
_____
_____
감명 깊은 내용 : _____
_____
_____
_____
_____

○ 화요일 날짜 : _____ 오늘 읽은 부분 : _____
오늘 표시해 둔 가장 감명 깊은 구절 : _____
중심 내용 : _____
_____
_____
_____
감명 깊은 내용 : _____
_____
_____
_____
_____

○ 수요일 날짜 : _____ 오늘 읽은 부분 : _____
오늘 표시해 둔 가장 감명 깊은 구절 : _____
중심 내용 : _____
_____
_____
_____
감명 깊은 내용 : _____
_____
_____
_____
_____

○ 목요일 날짜 : _____ 오늘 읽은 부분 : _____
오늘 표시해 둔 가장 감명 깊은 구절 : _____
중심 내용 : _____
_____
_____
_____
감명 깊은 내용 : _____
_____
_____
_____
_____

○ 금요일 날짜 : _____ 오늘 읽은 부분 : _____
오늘 표시해 둔 가장 감명 깊은 구절 : _____
중심 내용 : _____
_____
_____
_____
감명 깊은 내용 : _____
_____
_____
_____
_____

○ 토요일 날짜 : _____ 오늘 읽은 부분 : _____
오늘 표시해 둔 가장 감명 깊은 구절 : _____
중심 내용 : _____
_____
_____
_____
감명 깊은 내용 : _____
_____
_____
_____
_____

경읽기 기록 노트

"아들들아, 이제 내게 들으라. 내 도를 지키는 자가 복이 있느니라. 훈계를 들어서 지혜를 얻으라. 그것을 버리지 말라. 누구든지 내게 들으며 날마다 내 문 곁에서 기다리며 문설주 옆에서 기다리는 자는 복이 있나니."

잠언 8 : 32-34

◯ 일요일 날짜 : _____ 오늘 읽은 부분 : _____
오늘 표시해 둔 가장 감명 깊은 구절 : _____
중심 내용 : _____
_____
_____
_____
감명 깊은 내용 : _____
_____
_____
_____
_____

◯ 월요일 날짜 : _____ 오늘 읽은 부분 : _____
오늘 표시해 둔 가장 감명 깊은 구절 : _____
중심 내용 : _____
_____
_____
감명 깊은 내용 : _____
_____
_____
_____
_____
_____

◯ 화요일 날짜 : _____ 오늘 읽은 부분 : _____
오늘 표시해 둔 가장 감명 깊은 구절 : _____
중심 내용 : _____
_____
_____
감명 깊은 내용 : _____
_____
_____
_____
_____

◯ 수요일 날짜 : _____ 오늘 읽은 부분 : _____
오늘 표시해 둔 가장 감명 깊은 구절 : _____
중심 내용 : _____
_____
_____
_____
감명 깊은 내용 : _____
_____
_____
_____

◯ 목요일 날짜 : _____ 오늘 읽은 부분 : _____
오늘 표시해 둔 가장 감명 깊은 구절 : _____
중심 내용 : _____
_____
_____
감명 깊은 내용 : _____
_____
_____
_____
_____

◯ 금요일 날짜 : _____ 오늘 읽은 부분 : _____
오늘 표시해 둔 가장 감명 깊은 구절 : _____
중심 내용 : _____
_____
_____
감명 깊은 내용 : _____
_____
_____
_____
_____
_____

◯ 토요일 날짜 : _____ 오늘 읽은 부분 : _____
오늘 표시해 둔 가장 감명 깊은 구절 : _____
중심 내용 : _____
_____
_____
감명 깊은 내용 : _____
_____
_____
_____
_____

성경읽기 기록 노트

"아들들아, 이제 내게 들으라. 내 도를 지키는 자가 복이 있느니라. 훈계를 들어서 지혜를 얻으라. 그것을 버리지 말라. 누구든지 내게 들으며 날마다 내 문 곁에서 기다리며 문설주 옆에서 기다리는 자는 복이 있나니."

잠언 8 : 32-34

○ 일요일 날짜 : _____ 오늘 읽은 부분 : _____
오늘 표시해 둔 가장 감명 깊은 구절 : _____
중심 내용 : _____
_____
_____
_____
감명 깊은 내용 : _____
_____
_____
_____
_____

○ 월요일 날짜 : _____ 오늘 읽은 부분 : _____
오늘 표시해 둔 가장 감명 깊은 구절 : _____
중심 내용 : _____
_____
_____
_____
감명 깊은 내용 : _____
_____
_____
_____
_____

○ 화요일 날짜 : _____ 오늘 읽은 부분 : _____
오늘 표시해 둔 가장 감명 깊은 구절 : _____
중심 내용 : _____
_____
_____
_____
감명 깊은 내용 : _____
_____
_____
_____
_____

○ 수요일 날짜 : _____ 오늘 읽은 부분 : _____
오늘 표시해 둔 가장 감명 깊은 구절 : _____
중심 내용 : _____
_____
_____
_____
감명 깊은 내용 : _____
_____
_____
_____
_____

○ 목요일 날짜 : _____ 오늘 읽은 부분 : _____
오늘 표시해 둔 가장 감명 깊은 구절 : _____
중심 내용 : _____
_____
_____
_____
감명 깊은 내용 : _____
_____
_____
_____
_____

○ 금요일 날짜 : _____ 오늘 읽은 부분 : _____
오늘 표시해 둔 가장 감명 깊은 구절 : _____
중심 내용 : _____
_____
_____
_____
감명 깊은 내용 : _____
_____
_____
_____
_____

○ 토요일 날짜 : _____ 오늘 읽은 부분 : _____
오늘 표시해 둔 가장 감명 깊은 구절 : _____
중심 내용 : _____
_____
_____
_____
감명 깊은 내용 : _____
_____
_____
_____
_____

경읽기 기록 노트

"아들들아, 이제 내게 들으라. 내 도를 지키는 자가 복이 있느니라. 훈계를 들어서 지혜를 얻으라. 그것을 버리지 말라. 누구든지 내게 들으며 날마다 내 문 곁에서 기다리며 문설주 옆에서 기다리는 자는 복이 있나니."

잠언 8 : 32-34

○ 일요일 날짜 : _____ 오늘 읽은 부분 : _____
오늘 표시해 둔 가장 감명 깊은 구절 : _____
중심 내용 : _____
_____
_____

감명 깊은 내용 : _____
_____
_____
_____

○ 월요일 날짜 : _____ 오늘 읽은 부분 : _____
오늘 표시해 둔 가장 감명 깊은 구절 : _____
중심 내용 : _____
_____
_____

감명 깊은 내용 : _____
_____
_____
_____

○ 화요일 날짜 : _____ 오늘 읽은 부분 : _____
오늘 표시해 둔 가장 감명 깊은 구절 : _____
중심 내용 : _____
_____
_____

감명 깊은 내용 : _____
_____
_____
_____

○ 수요일 날짜 : _____ 오늘 읽은 부분 : _____
오늘 표시해 둔 가장 감명 깊은 구절 : _____
중심 내용 : _____
_____
_____

감명 깊은 내용 : _____
_____
_____
_____

○ 목요일 날짜 : _____ 오늘 읽은 부분 : _____
오늘 표시해 둔 가장 감명 깊은 구절 : _____
중심 내용 : _____
_____
_____

감명 깊은 내용 : _____
_____
_____
_____

○ 금요일 날짜 : _____ 오늘 읽은 부분 : _____
오늘 표시해 둔 가장 감명 깊은 구절 : _____
중심 내용 : _____
_____
_____

감명 깊은 내용 : _____
_____
_____
_____

○ 토요일 날짜 : _____ 오늘 읽은 부분 : _____
오늘 표시해 둔 가장 감명 깊은 구절 : _____
중심 내용 : _____
_____
_____

감명 깊은 내용 : _____
_____
_____
_____

성경읽기 기록 노트

"아들들아, 이제 내게 들으라. 내 도를 지키는 자가 복이 있느니라. 훈계를 들어서 지혜를 얻으라. 그것을 버리지 말라. 누구든지 내게 들으며 날마다 내 문 곁에서 기다리며 문설주 옆에서 기다리는 자는 복이 있나니."

잠언 8 : 32-34

◯ 일요일 날짜 : _____ 오늘 읽은 부분 : _____
오늘 표시해 둔 가장 감명 깊은 구절 : _____
중심 내용 : _____
_____
_____
_____
감명 깊은 내용 : _____
_____
_____
_____
_____

◯ 월요일 날짜 : _____ 오늘 읽은 부분 : _____
오늘 표시해 둔 가장 감명 깊은 구절 : _____
중심 내용 : _____
_____
_____
_____
감명 깊은 내용 : _____
_____
_____
_____
_____

◯ 화요일 날짜 : _____ 오늘 읽은 부분 : _____
오늘 표시해 둔 가장 감명 깊은 구절 : _____
중심 내용 : _____
_____
_____
_____
감명 깊은 내용 : _____
_____
_____
_____
_____

◯ 수요일 날짜 : _____ 오늘 읽은 부분 : _____
오늘 표시해 둔 가장 감명 깊은 구절 : _____
중심 내용 : _____
_____
_____
_____
감명 깊은 내용 : _____
_____
_____
_____
_____

◯ 목요일 날짜 : _____ 오늘 읽은 부분 : _____
오늘 표시해 둔 가장 감명 깊은 구절 : _____
중심 내용 : _____
_____
_____
_____
감명 깊은 내용 : _____
_____
_____
_____
_____

◯ 금요일 날짜 : _____ 오늘 읽은 부분 : _____
오늘 표시해 둔 가장 감명 깊은 구절 : _____
중심 내용 : _____
_____
_____
_____
감명 깊은 내용 : _____
_____
_____
_____
_____

◯ 토요일 날짜 : _____ 오늘 읽은 부분 : _____
오늘 표시해 둔 가장 감명 깊은 구절 : _____
중심 내용 : _____
_____
_____
_____
감명 깊은 내용 : _____
_____
_____
_____
_____

성경읽기표

구 약

책																				
창세기	1	2	3	4	5	6	7	8	9	10	11	12	13	14	15	16	17	18	19	20
	21	22	23	24	25	26	27	28	29	30	31	32	33	34	35	36	37	38	39	40
	41	42	43	44	45	46	47	48	49	50										
출애굽기	1	2	3	4	5	6	7	8	9	10	11	12	13	14	15	16	17	18	19	20
	21	22	23	24	25	26	27	28	29	30	31	32	33	34	35	36	37	38	39	40
레위기	1	2	3	4	5	6	7	8	9	10	11	12	13	14	15	16	17	18	19	20
	21	22	23	24	25	26	27													
민수기	1	2	3	4	5	6	7	8	9	10	11	12	13	14	15	16	17	18	19	20
	21	22	23	24	25	26	27	28	29	30	31	32	33	34	35	36					
신명기	1	2	3	4	5	6	7	8	9	10	11	12	13	14	15	16	17	18	19	20
	21	22	23	24	25	26	27	28	29	30	31	32	33	34						
여호수아	1	2	3	4	5	6	7	8	9	10	11	12	13	14	15	16	17	18	19	20
	21	22	23	24																
사사기	1	2	3	4	5	6	7	8	9	10	11	12	13	14	15	16	17	18	19	20
	21																			
룻기	1	2	3	4																
사무엘상	1	2	3	4	5	6	7	8	9	10	11	12	13	14	15	16	17	18	19	20
	21	22	23	24	25	26	27	28	29	30	31									
사무엘하	1	2	3	4	5	6	7	8	9	10	11	12	13	14	15	16	17	18	19	20
	21	22	23	24																
열왕기상	1	2	3	4	5	6	7	8	9	10	11	12	13	14	15	16	17	18	19	20
	21	22																		
열왕기하	1	2	3	4	5	6	7	8	9	10	11	12	13	14	15	16	17	18	19	20
	21	22	23	24	25															
역대상	1	2	3	4	5	6	7	8	9	10	11	12	13	14	15	16	17	18	19	20
	21	22	23	24	25	26	27	28	29											
역대하	1	2	3	4	5	6	7	8	9	10	11	12	13	14	15	16	17	18	19	20
	21	22	23	24	25	26	27	28	29	30	31	32	33	34	35	36				
에스라	1	2	3	4	5	6	7	8	9	10										
느헤미야	1	2	3	4	5	6	7	8	9	10	11	12	13							
에스더	1	2	3	4	5	6	7	8	9	10										
욥기	1	2	3	4	5	6	7	8	9	10	11	12	13	14	15	16	17	18	19	20
	21	22	23	24	25	26	27	28	29	30	31	32	33	34	35	36	37	38	39	40
	41	42																		
시편	1	2	3	4	5	6	7	8	9	10	11	12	13	14	15	16	17	18	19	20
	21	22	23	24	25	26	27	28	29	30	31	32	33	34	35	36	37	38	39	40
	41	42	43	44	45	46	47	48	49	50	51	52	53	54	55	56	57	58	59	60
	61	62	63	64	65	66	67	68	69	70	71	72	73	74	75	76	77	78	79	80
	81	82	83	84	85	86	87	88	89	90	91	92	93	94	95	96	97	98	99	100
	101	102	103	104	105	106	107	108	109	110	111	112	113	114	115	116	117	118	119	120
	121	122	123	124	125	126	127	128	129	130	131	132	133	134	135	136	137	138	139	140
	141	142	143	144	145	146	147	148	149	150										
잠언	1	2	3	4	5	6	7	8	9	10	11	12	13	14	15	16	17	18	19	20
	21	22	23	24	25	26	27	28	29	30	31									
전도서	1	2	3	4	5	6	7	8	9	10	11	12								
아가	1	2	3	4	5	6	7	8												
이사야	1	2	3	4	5	6	7	8	9	10	11	12	13	14	15	16	17	18	19	20
	21	22	23	24	25	26	27	28	29	30	31	32	33	34	35	36	37	38	39	40
	41	42	43	44	45	46	47	48	49	50	51	52	53	54	55	56	57	58	59	60
	61	62	63	64	65	66														
예레미야	1	2	3	4	5	6	7	8	9	10	11	12	13	14	15	16	17	18	19	20
	21	22	23	24	25	26	27	28	29	30	31	32	33	34	35	36	37	38	39	40
	41	42	43	44	45	46	47	48	49	50	51	52								

예레미야애가	1	2	3	4	5															
에 스 겔	1	2	3	4	5	6	7	8	9	10	11	12	13	14	15	16	17	18	19	20
	21	22	23	24	25	26	27	28	29	30	31	32	33	34	35	36	37	38	39	40
	41	42	43	44	45	46	47	48												
다 니 엘	1	2	3	4	5	6	7	8	9	10	11	12								
호 세 아	1	2	3	4	5	6	7	8	9	10	11	12	13	14						
요 엘	1	2	3																	
아 모 스	1	2	3	4	5	6	7	8	9											
오 바 댜	1																			
요 나	1	2	3	4																
미 가	1	2	3	4	5	6	7													
나 훔	1	2	3																	
하 박 국	1	2	3																	
스 바 냐	1	2	3																	
학 개	1	2																		
스 가 랴	1	2	3	4	5	6	7	8	9	10	11	12	13	14						
말 라 기	1	2	3	4																

"지금 내가 너희를 주와 및 그 은혜의 말씀께 부탁하노니
그 말씀이 너희를 능히 든든히 세우사
거룩케 하심을 입은 모든 자 가운데 기업이 있게 하시리라."

(사도행전 20 : 32)

신 약

마 태 복 음	1	2	3	4	5	6	7	8	9	10	11	12	13	14	15	16	17	18	19	20
	21	22	23	24	25	26	27	28												
마 가 복 음	1	2	3	4	5	6	7	8	9	10	11	12	13	14	15	16				
누 가 복 음	1	2	3	4	5	6	7	8	9	10	11	12	13	14	15	16	17	18	19	20
	21	22	23	24																
요 한 복 음	1	2	3	4	5	6	7	8	9	10	11	12	13	14	15	16	17	18	19	20
	21																			
사 도 행 전	1	2	3	4	5	6	7	8	9	10	11	12	13	14	15	16	17	18	19	20
	21	22	23	24	25	26	27	28												
로 마 서	1	2	3	4	5	6	7	8	9	10	11	12	13	14	15	16				
고 린 도 전 서	1	2	3	4	5	6	7	8	9	10	11	12	13	14	15	16				
고 린 도 후 서	1	2	3	4	5	6	7	8	9	10	11	12	13							
갈 라 디 아 서	1	2	3	4	5	6														
에 베 소 서	1	2	3	4	5	6														
빌 립 보 서	1	2	3	4																
골 로 새 서	1	2	3	4																
데살로니가전서	1	2	3	4	5															
데살로니가후서	1	2	3																	
디 모 데 전 서	1	2	3	4	5	6														
디 모 데 후 서	1	2	3	4																
디 도 서	1	2	3																	
빌 레 몬 서	1																			
히 브 리 서	1	2	3	4	5	6	7	8	9	10	11	12	13							
야 고 보 서	1	2	3	4	5															
베 드 로 전 서	1	2	3	4	5															
베 드 로 후 서	1	2	3																	
요 한 일 서	1	2	3	4	5															
요 한 이 서	1																			
요 한 삼 서	1																			
유 다 서	1																			
요 한 계 시 록	1	2	3	4	5	6	7	8	9	10	11	12	13	14	15	16	17	18	19	20
	21	22																		

지속적인 성장을 위하여…

2:7 시리즈 과정 1에서 당신은 그리스도와 동행하는 삶을 확립하기 위한 중요한 단계를 밟아 왔습니다. 그리스도인으로서 당신의 삶을 세워 준 것들은 다음과 같습니다.

- 성경을 즐겨 읽는 것을 배움.
- 그리스도와 새출발하기에 필요한 5개의 핵심 성경구절을 암송하고, 성경 암송을 해야 하는 이유 및 필요성을 보다 확신하게 됨.
- 경건의 시간을 통하여 주님과 지속적이고 알찬 교제를 경험하며 경건의 일기를 기록함.
- 성경공부를 통하여 예수 그리스도가 당신의 삶에 중심이 되어야 하는 까닭을 발견함.

과정 2에서는 그리스도와 동행하는 삶을 더욱 계발시켜 나갈 수 있는 뜻깊고 효과적인 기회를 가지게 될 것입니다. 그 내용은 다음과 같습니다.

- 그리스도께서 당신의 삶 가운데서 역사하신 일에 대한 개인의 간증을 준비하고 나누는 방법을 배움.
- 하나님과만 함께 충분한 교제 시간을 갖는 방법을 배우고 기도의 한나절을 가짐.
- 어떻게 그리스도께서 우리 삶의 모든 영역에서 주님이 되셔야 하는지에 관하여 읽고 토의함.
- 균형 잡힌 그리스도인의 삶을 사는 데 필요한 12개의 핵심구절을 암송함.
- 그리스도와의 교제를 더 깊게 하고 성령 충만한 삶을 살 수 있는 성서적인 원리들을 공부함.

여러분들을 위해 기도합니다. 여러분들은 이미 주님의 인자하심을 경험하였으므로, 믿음 안에서 굳건히 자라가기를 바랍니다 (베드로전서 2:2-3).

참고 교재

당신의 지속적인 성장을 돕기 위하여 네비게이토 출판사에서는 계속하여 필요한 좋은 교재들을 출간하고 있습니다. 이 교재들은 당신의 영적 성장뿐만 아니라 당신이 개인적으로 돕고 있는 사람들의 성장을 위하여서도 유익하게 사용될 수 있을 것입니다.

시대의 요청(네비게이토 소책자 시리즈 2번) - 도슨 트로트맨 저.
오늘날 우리 믿는 자들에게 하나님께서 원하고 계신 것이 무엇인지 보여 주고 있습니다.

청년의 시기를 어떻게 보낼 것인가(네비게이토 소책자 시리즈 40번) - 하진승 저.
믿는 청년들이 청년의 시기에 갖추고 준비할 것과 버리고 피해야 할 것이 무엇인지 제시해 주고 있습니다.

하나님의 말씀은…(네비게이토 소책자 시리즈 46번) - 하진승 저.
하나님의 말씀인 성경의 신뢰성과 권위 그리고 가치에 대해 자세하게 설명해 주고 있습니다.

그리스도인 성장의 열쇠 - 리로이 아임스 저.
그리스도인이 영적으로 성장하는 데 필요한 중요한 요소들을 제시해 주고 있습니다.

네비게이토 바인더 (20고리)
개인 신앙 성장을 위한 노트

네비게이토 바인더는 그리스도인의 기본적인 삶인 수레바퀴의 삶을 사는 데 도움이 됩니다. 수레바퀴의 삶이란 그리스도를 중심에 모시고 말씀, 기도, 교제, 증거의 삶을 통해서 그리스도께 순종하는 삶을 사는 것을 말합니다. 네비게이토 바인더는 위에서 언급된 모든 영역에서 배우고 관찰한 것을 기록하고 정리하는 데 편리한 20고리 바인더 노트입니다.

본 바인더에는 다음과 같은 내용이 수록되어 있습니다.

- 수레바퀴 예화…그리스도인의 기본적인 삶을 설명하고 있습니다.
- 말씀의 손 예화…성경 말씀을 섭취하는 다섯 가지 방법을 보여 줍니다.
- 성경 읽기 계획표…일 년에 신구약 한 번, 또는 이 년에 구약 한 번과 신약 두 번을 완독할 수 있는 계획입니다.
- 기도 노트…구체적이고 실제적인 기도 생활이 되도록 도와 줍니다.
- 월중 계획표…시간을 계획적으로 사용하는 데 도움이 되는 양식지입니다.
- 내지…기록용입니다.

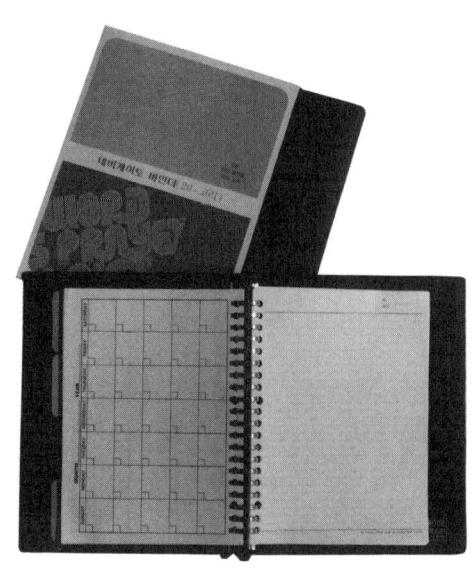

본 출판사의 서면 허락 없이는 본서의 전부 또는
일부의 무단 복제, 또는 원문에 대한 무단 번역을 금합니다.

2:7 교회 제자 훈련 과정 1

초판 1쇄 발행 : 1993년 12월 27일
초판 13쇄 발행 : 2020년 1월 20일

펴낸곳: 네비게이토 출판사 ©
주소: 03784 서울시 서대문구 연희로 16 (창천동)
전화: 334-3305(대표), 334-3037(주문), FAX: 334-3119
홈페이지 http://navpress.co.kr
출판등록: 제10-111호(1973년 3월 12일)

ISBN 978-89-375-0023-7 04230